Heidelberger Taschenbücher 99

Sammlung Informatik

Herausgegeben von F. L. Bauer und M. Paul

Peter Deussen

Halbgruppen
und Automaten

Springer-Verlag
Berlin · Heidelberg · New York 1971

Dr. Peter Deussen
Dozent für Informatik und Mathematik an der
Technischen Universität München

ISBN-13:978-3-540-05606-5   e-ISBN-13:978-3-642-65275-2
DOI: 10.1007/978-3-642-65275-2

Das Werk ist urheberrechtlich geschützt. Die dadurch begründeten Rechte, insbesondere die der Übersetzung, des Nachdruckes, der Entnahme von Abbildungen, der Funksendung, der Wiedergabe auf photomechanischem oder ähnlichem Wege und der Speicherung in Datenverarbeitungsanlagen bleiben, auch bei nur auszugsweiser Verwertung, vorbehalten. Bei Vervielfältigungen für gewerbliche Zwecke ist gemäß § 54 UrhG eine Vergütung an den Verlag zu zahlen, deren Höhe mit dem Verlag zu vereinbaren ist. © by Springer-Verlag Berlin · Heidelberg 1971. Library of Congress Catalog Card Number 71-175133. Die Wiedergabe von Gebrauchsnamen, Handelsnamen, Warenbezeichnungen usw. in diesem Werk berechtigt auch ohne besondere Kennzeichnung nicht zu der Annahme, daß solche Namen im Sinne der Warenzeichen- und Markenschutz-Gesetzgebung als frei zu betrachten wären und daher von jedermann benutzt werden dürften. Gesamtherstellung: Julius Beltz, Hemsbach/Bergstraße.

Inhaltsverzeichnis

0. Einleitung	1
I. Kapitel: Halbgruppen und Relationen	4
1. Halbgruppen	4
2. Homomorphismen von Halbgruppen	14
3. Ideale in Halbgruppen	21
4. Zweistellige Relationen	33
5. Kongruenzrelationen in Halbgruppen	44
II. Kapitel: Halbgruppen und Semimoduln	54
6. Semimoduln	54
7. Homomorphismen von Semimoduln	62
8. Endlichkeitsbedingungen	81
9. Zusammenhang zwischen Semimoduln und Halbgruppen	94
10. Irreduzible Semimoduln	103
11. Konstruktion von Kongruenzen in Semimoduln	114
12. Darstellungen von Semimoduln	121
III. Kapitel: Automaten	128
13. Einleitung und Motivierung	128
14. Homomorphismen von Automaten	137
15. Wortfunktionen	157
16. Realisierung von Automaten	161
17. Reguläre Ereignisse	173
Häufig verwendete Symbole	195
Literaturverzeichnis	196
Sachverzeichnis	197

0. Einleitung

Die Theorie der Automaten gehört zum theoretischen Teil der Informatik, obgleich sie in ihren Anfängen von durchaus praktischen Problemstellungen ausging, nämlich der Untersuchung des funktionellen Verhaltens mehr oder minder umfänglicher Verbindungen von Schaltelementen, der Schaltwerke. Die Theorie jedoch entfaltete ihr Eigenleben und es ergaben sich im Laufe der Zeit vielfältige Beziehungen zu anderen Gebieten. So ist heute die Automatentheorie ebenso im Zusammenhang mit der Theorie der Berechenbarkeit und Entscheidbarkeit zu sehen, wie mit der Theorie der formalen Sprachen, und gerade hier hat das Modell des Automaten auch praktische Bedeutung dadurch erlangt, daß mit seiner Hilfe eine Reihe von Algorithmen effizient formuliert werden konnten.
Neben dieser Auffassung des Automaten als eine Klasse von Algorithmen ist der Automat in erster Linie ein algebraisches Gebilde, eine Algebra im weiteren Sinne. Aussagen algebraischer Art werden in allen Anwendungsbereichen von Automaten benötigt, auch läßt sich die Verwandtschaft zwischen Automaten und Schaltwerken in natürlicher Weise durch den algebraischen Begriff der Darstellung ausdrücken.
Dieser Betrachtungsweise des Automaten widmet sich das vorliegende Buch ausschließlich.
Der üblichen algebraischen Methodik folgend ergab sich die Forderung nach einer basisfreien, d.h. ohne Bezugnahme auf Erzeugendensysteme auskommenden Definition des Automaten, die in Abschnitt 13 motiviert wird. Mit der Basisfreiheit werden nicht nur viele Zusammenhänge durchsichtiger, sie legt darüberhinaus eine natürliche Verallgemeinerung des Automaten auf beliebige Ein- und Ausgabehalbgruppen nahe. Man kann zwar über den Nutzen von Verallgemeinerungen gerade des Automatenbegriffs, der ja einer sehr konkreten Problemstellung entsprang, verschiedener Meinung sein, gleichwohl wurde diese Verallgemeinerung untersucht, nicht nur aus mathematischem Interesse, sondern auch geleitet von der Ansicht, daß die Verallgemeinerungsfähigkeit von Sätzen der Automatentheorie ein Maß dafür ist, wie unspezifisch diese Sätze für die konkreten Schaltwerke sind.
Als wesentliche Teilstruktur des Automaten in dieser ver-

allgemeinerten Form tritt der Semimodul auf, der das Zustandsübergangsverhalten des Automaten beschreibt. Die Namensgebung entspringt der Ähnlichkeit mit der Theorie der Ringe und Moduln, und von dieser Seite her inspiriert gibt es bereits eine Reihe interessanter Untersuchungen über Semimoduln (dort auch S-Systeme genannt), doch sind sie einer anderen Richtung der Algebra entstammend dem Automatentheoretiker meist unbekannt.

An Voraussetzungen für den Leser ist eine gewisse Vertrautheit im Umgang mit Gruppen und elementaren Begriffen der Verbandstheorie, sowie mit der Denkweise und Notation der Algebra zweckmäßig, wenngleich nicht notwendig. Aus Gründen der Übersichtlichkeit sind leicht zu durchschauende Schlüsse und Beweise abgekürzt wenn nicht weggelassen worden. Beim ersten Durchlesen können die Abschnitte 8,9 und 10 überschlagen werden. Die jedem Abschnitt beigegebenen Übungen dienen auch zur Ergänzung des Stoffes, geben Ausblicke und werden hin und wieder an weniger zentralen Stellen im Text herangezogen. Formeln, Definitionen und Sätze sind abschnittsweise fortlaufend numeriert, die Numerierung der Übungen erfolgt dagegen getrennt, aber ebenfalls abschnittsweise.

Das erste Kapitel bringt in den Abschnitten 1 und 2 einige grundlegende Definitionen der Halbgruppentheorie. In Abschnitt 3 wird die Idealtheorie für Halbgruppen soweit entwickelt, wie sie für den weiteren Verlauf und speziell für die Abschnitte 9 und 10 notwendig ist. Abschnitt 4 und 5 behandelt zweistellige Relationen bzw. Kongruenzrelationen in Halbgruppen.

Das zweite Kapitel ist der Theorie der Semimoduln gewidmet. Nach grundlegenden Definitionen und Sätzen (Abschnitte 6 und 7) werden die Zusammenhänge von Halbgruppen mit den Semimoduln untersucht (Abschnitte 8,9 und 10). In Abschnitt 11 wird auf einen Weg eingegangen, der es im endlichen Fall gestattet, alle Kongruenzen und Automorphismen eines Semimoduls systematisch zu bestimmen, was besonders im Hinblick auf die Anwendungen des späteren Abschnitts 16 von Bedeutung ist. Abschnitt 12 stellt die Semimoduln in Zusammenhang mit Graphen und mit der Schaltwerktheorie. Das dritte

Kapitel behandelt die Automaten. In Abschnitt 13 wird, wie bereits gesagt, der dem Bändchen zu Grunde gelegte allgemeine Automatenbegriff definiert. Abschnitt 14 bringt einige wichtige Definitionen und bekannte Sätze, wie etwa den Reduktionssatz für Automaten. Die durch Automaten definierten Abbildungen von Halbgruppen in Halbgruppen werden in Abschnitt 15 besprochen. Unter dem Stichwort Realisierung wird im Abschnitt 16 die Dekompositionstheorie von Automaten untersucht. Der Abschnitt 17 stellt eine gewisse Verbindung zu den formalen Sprachen her, es werden hier die von Automaten akzeptierten Wortmengen bzw. Teilmengen von Halbgruppen untersucht.

Mit Rücksicht auf den Umfang dieses Taschenbuches wurde auf detaillierte Quellenangaben verzichtet, dennoch soll vermerkt werden, daß der Verfasser den Anstoß zur Beschäftigung mit der Automatentheorie durch eine Vorlesung erhielt, die J.R.BÜCHI im Jahre 1962 als Gast an der Universität Mainz hielt und der wesentliche Beweisideen des Abschnitts 17 entnommen sind. Das Literaturverzeichnis soll dem Leser eine Hilfe zum weiteren Eindringen in die Automatentheorie und deren Anwendungen geben.

Abschließend möchte ich all denen danken, die mir halfen dieses Büchlein zu schreiben:
Herr Prof.Dr.M.PAUL stellte mir den Inhalt und die Erfahrung seiner Vorlesung über Automatentheorie zur Verfügung; Herr U.SCHAMPEL half mir bei der Vorlesung und den Übungen und trug vieles zur Bereinigung von Unstimmigkeiten bei, auch las er ebenso wie Herr M.SOMMER Korrekturen; Frau A.KETSCH endlich übernahm die mühevolle Aufgabe, die Manuskripte von der Rohfassung bis zur reproduktionsfähigen Endfassung zu schreiben.

Juni 1971   P. Deussen

I. Kapitel:

Halbgruppen und Relationen

1. Halbgruppen

Eine Halbgruppe ist, wie sich zeigen wird, eine recht allgemeine algebraische Struktur. Infolge ihrer Allgemeinheit findet sie sich häufig in der Mathematik und weist zahlreiche Verästelungen auf. Wir werden diesen vielfältigen Fallunterscheidungen nicht nachgehen, darüber Auskunft zu geben sind die Bücher über die Theorie der Halbgruppen berufener. In diesem ersten Abschnitt werden einige grundlegende Begriffe definiert, die in allen folgenden Abschnitten immer wieder herangezogen werden.

Betrachten wir die Menge $\mathbb{N}$ der natürlichen Zahlen zusammen mit der Multiplikation. Das Produkt je zweier Zahlen ist wieder eine Zahl, aber es gilt auch noch das Assoziativgesetz: $(n \cdot m) \cdot l = n \cdot (m \cdot l)$. Damit ist bereits ein Prototyp einer Halbgruppe am Beispiel aufgewiesen: charakteristisch für die Halbgruppen im Unterschied zu den Gruppen ist, daß nichts über die Auflösbarkeit der Gleichungen $n \cdot x = m$ bzw. $x \cdot n = m$ nach x ausgesagt wird.

(1.1) __Definition__. Eine Halbgruppe ist eine Menge F zusammen mit einer zweistelligen Verknüpfung

$$\phi : F \times F \to F,$$

die üblicherweise als "Produkt" geschrieben wird:

$$fg := \phi(f,g)$$

und für das gilt

$$(fg)h = f(gh) . \qquad (f,g,h \in F)$$

Beispiele sind: die natürlichen Zahlen mit der Addition; die Menge aller n-zeiligen quadratischen Matrizen mit der Matrixmultiplikation bzw. mit der Addition; die Menge aller Abbildungen einer Menge in sich mit der Funktionskomposition; die Menge aller integrierbaren Funktionen $f : \mathbb{R} \to \mathbb{R}$ mit der Faltung.

(1.2) __Definition__. Eine Halbgruppe F heißt *kommutativ* oder *abelsch*, wenn gilt

$$fg = gf$$

für alle $g, f \in F$.

In den zuletzt genannten Beispielen ist lediglich das erste eine kommutative Halbgruppe.

Sind $U, V \subset F$ Teilmengen, so bezeichnet man als das *Komplexprodukt* die Menge

$$UV := \{uv : u \in U, v \in V\}$$

und schreibt insbesondere

$$uV := \{u\}V \quad \text{bzw.} \quad Uv := U\{v\} ,$$

wenn eine der Mengen einelementig ist.

(1.3) <u>Definition</u>. Eine nichtleere Teilmenge $U \subset F$ heißt *Unterhalbgruppe*, wenn gilt

$$UU \subset U .$$

Unterhalbgruppen sind also gerade diejenigen Teilmengen von F , die gegenüber der Halbgruppenmultiplikation abgeschlossen sind.

(1.4) <u>Definition</u>. Ein Element $n_l [n_r]$ von F heißt *Linksnull [Rechtsnull]*, wenn für jedes $f \in F$ gilt: $n_l f = n_l$ $[f n_r = n_r]$.
Ein Element $e_l [e_r]$ von F heißt *Linkseins [Rechtseins]*, wenn für jedes $f \in F$ gilt: $e_l f = f$ $[f e_r = f]$.

Eine Halbgruppe kann mehrere Linksnullen oder mehrere Rechtsnullen haben, jedoch können nicht zugleich mehrere Links- und Rechtsnullen auftreten, denn $n_l n_r = n_r = n_l$. Analog folgt aus $e_l e_r = e_l = e_r$, daß nicht zugleich mehrere Links- und Rechtseinsen auftreten können.

(1.5) <u>Definition</u>. Ein Element $0 \in F$ heißt *Nullelement* oder *Null*, wenn für jedes $f \in F$ gilt

$$0f = f0 = 0 .$$

Ein Element $1 \in F$ heißt *Einselement* oder *Eins*, wenn für jedes $f \in F$ gilt

$$1f = f1 = f .$$

Gelegentlich ist es bequem, in der Halbgruppe F ein Einselement zur Verfügung zu haben. Wo dies nicht der Fall ist, kann man es ohne weiteres durch eine Adjunktion erzwingen. Sei

$$F^1 := F \cup \{1\}$$

und setzt man

$$f1 = 1f = f \quad \text{sowie} \quad 11 = 1$$

für jedes $f \in F$, so ist auch F^1 eine Halbgruppe, diesmal mit Einselement. Enthält F schon ein Einselement, so ist natürlich $F^1 = F$, denn mehr als eine Eins kann F nicht haben. Die gezeigte Art der Adjunktion ist die schwächste, die überhaupt möglich ist, dennoch gehen dadurch gelegentlich Eigenschaften von F verloren: enthält F z.B. eine Linkseins e_1, so gilt dies für F^1 nicht mehr, denn es ist nun $e_1 1 = e_1$ und nicht etwa $e_1 1 = 1$. Eine Halbgruppe mit Einselement wird auch *Monoid* genannt.

(1.6) <u>Definition</u>. Eine *Gruppe* F ist eine Halbgruppe mit Eins, in der es zu jedem $f \in F$ ein Element $f^{-1} \in F$ gibt, so daß $f^{-1}f = 1$ ist (Existenz der *Linksinversen*).

Die Linksinversen sind auch zugleich Rechtsinverse, denn aus $f^{-1}(ff^{-1}) = f^{-1}$ folgt nach Linksmultiplikation mit dem als existent geforderten Linksinversen von f^{-1}: $ff^{-1} = (f^{-1})^{-1}f^{-1} = 1$. Ferner besitzen nun die Gleichungen $fx = g$ und $yf = g$ Lösungen in F, nämlich $x = f^{-1}g$ bzw. $y = gf^{-1}$, und diese Lösungen sind eindeutig bestimmt, denn aus $fx_1 = fx_2$ etwa folgt nach Linksmultiplikation mit f^{-1} die Beziehung $x_1 = x_2$. Damit ist zugleich die Eindeutigkeit der Inversen nachgewiesen, denn sie ist Lösung der Gleichung $xf = 1$.

Analog zu den Unterhalbgruppen ist eine Untergruppe eine
Teilmenge von F, die die Gruppenaxiome (1.6) erfüllt:

(1.7) <u>Definition</u>. Eine Teilmenge $U \subset F$ einer Halbgruppe
F heißt *Untergruppe*, wenn sie bezüglich der Halbgruppenverknüpfung in F eine Gruppe ist.

Eine Untergruppe in F hat also insbesondere ein Einselement, jedoch muß dieses Einselement nicht Einselement für die ganze Halbgruppe sein (siehe Übung (1.1)), und im allgemeinen haben verschiedene Untergruppen derselben Halbgruppe verschiedene Einselemente. Eines jedoch ist diesen Einselementen gemeinsam: multipliziert mit sich selbst reproduzieren sie sich, sie sind idempotent im Sinne der

(1.8) <u>Definition</u>. Ein Element e einer Halbgruppe F heißt
idempotent, wenn $ee = e$.

Die oben geschilderte Situation ändert sich jedoch, wenn F
selbst schon Gruppe ist.

(1.9) <u>Satz</u>. Ist F eine Gruppe, $U \subset F$ eine Untergruppe
und sei $1_U \in U$ das Einselement von U, so ist
$1 = 1_U$.

Beweis: 1_U ist die Lösung der Gleichung $ux = u$ in
U. Da $x \in U \subset F$ und F Gruppe ist, hat $ux = u$
eine Lösung in F, nämlich $x = 1$. Die Eindeutigkeit der Lösung bringt $1 = 1_U$.

Das folgende Resultat charakterisiert die Untergruppen einer
Gruppe in einer etwas bequemeren Art als die ursprüngliche
Definition.

(1.10) **Satz**. Ist F eine Gruppe und $U \subset F$ eine Teilmenge, so ist U Untergruppe genau dann, wenn $v^{-1}u \in U$ für alle $u,v \in U$. Ist ferner U eine endliche Menge, so ist U Untergruppe genau dann, wenn $UU \subset U$, d.h. wenn U Unterhalbgruppe in F ist.

Beweis: 1. Notwendigkeit. Da U Untergruppe ist, hat die Gleichung $vx = 1_U$ für $v \in U$ eine Lösung $x \in U$. Wegen (1.9) ist aber $x = v^{-1}$, also $v^{-1} \in U$. Ferner hat die Gleichung $vx = u$ für $v,u \in U$ ebenfalls eine Lösung $x \in U$, und diese ist $x = v^{-1}u$, also ist $v^{-1}u \in U$.
Hinlänglichkeit. Da mit $u,v \in U$ auch $v^{-1}u \in U$, ist insbesondere $1 = u^{-1}u \in U$, d.h. U hat ein Einselement und die Existenz der Linksinversen ist automatisch gewährleistet.

2\. Die Notwendigkeit folgt unmittelbar aus (1.7) und (1.6).
Hinlänglichkeit. Sei $x \in U$. Für ein festes $u \in U$ liefert die Zuordnung $x \mapsto xu$ eine Abbildung von U in sich, da $UU \subset U$. Diese Abbildung ist, weil F eine Gruppe ist, injektiv und deshalb auch bijektiv, weil U endlich ist. Damit ist die Gleichung $xu = u$ lösbar in U und somit $x = 1 \in U$. Gleichfalls lösbar in U ist dann die Gleichung $xu = 1$, d.h. $u^{-1} \in U$.

Sind $U,V \subset F$ Unterhalbgruppen und $u,v \in U \cap V$, so liegt das Produkt uv ebenfalls in $U \cap V$, denn einerseits gilt $u,v \in U$ und damit $uv \in U$, andererseits ist $u,v \in V$ und folglich auch $uv \in V$. Dementsprechend erhalten wir

(1.11) **Satz**. Ist $\{U_i : i \in I\}$ eine Familie von Unterhalbgruppen einer Halbgruppe F, so ist auch der Durchschnitt $\bigcap_{i \in I} U_i$ eine Unterhalbgruppe von F, sofern der Durchschnitt nicht leer ist.

Für Untergruppen einer Halbgruppe gilt dieser Satz nicht mehr, wohl aber

(1.12) <u>Satz</u>. Ist $\{U_i : i \in I\}$ eine Familie von Untergruppen einer Gruppe F, so ist auch der Durchschnitt $\bigcap_{i \in I} U_i$ eine Untergruppe von F.

Die mengentheoretische Vereinigung zweier Unterhalbgruppen dagegen kann im allgemeinen keine Unterhalbgruppe mehr sein, da ja nicht gesagt ist, daß mit $u \in U$ und $v \in V$ das Produkt uv stets entweder in U oder in V liegt, man kann nur behaupten, daß uv in jeder Unterhalbgruppe W liegt, für die $W \supset U \cup V$ zutrifft. Um nun nicht zu weit von $U \cup V$ wegzukommen, zieht man die kleinste derartiger Unterhalbgruppen W heran und definiert

(1.13) $$U \sqcup V := \bigcap_{W \supset U \cup V} W .$$

$U \sqcup V$ ist also die kleinste aller Unterhalbgruppen von F, die $U \cup V$ enthält. In gleicher Weise geht man bei den Untergruppen einer Gruppe vor, nur daß hier zur Durchschnittsbildung (1.13) lediglich Untergruppen W zur Konkurrenz zugelassen sind.

Für manche Überlegungen ist die Definition (1.13) unbequem, da sie nicht unmittelbar auf U und V Bezug nimmt. Da es ja gerade die Produkte uv sind, die in $U \cup V$ fehlen, liegt die folgende Definition nahe.

(1.14) <u>Definition</u>. Sei $E \subset F$ eine Teilmenge und E^n induktiv definiert durch

$$E^1 := E , \quad E^{n+1} := EE^n ,$$

so heißt

$$E^* := \bigcup_{n \in \mathbb{N}} E^n$$

die *von* E *erzeugte Unterhalbgruppe.*

Da danach $f \in E^*$ genau dann gilt, wenn es ein $n \geq 1$ und Elemente $e_1,\ldots,e_n \in F$ gibt, so daß $f = e_1 e_2,\ldots,e_n$ ist, besteht E^* gerade aus allen endlichen Produkten von Elementen aus E, weshalb E^* sicher auch Unterhalbgruppe ist.

(1.15) <u>Satz</u>. $U \sqcup V = (U \cup V)^*$

Beweis: "$\subset$": Da $(U \cup V)^* \supset U \cup V$, komm $(U \cup V)^*$ unter den W's in (1.13) vor, weshalb $(U \cup V)^* \supset U \sqcup V$.

"$\supset$": Ist $f \in (U \cup V)^*$, so ist $f = w_1 w_2,\ldots,w_n$ für ein $n \geq 1$ und $w_i \in U \cup V$. Ist ferner W irgendeine Unterhalbgruppe mit $W \supset U \cup V$, so folgt $f \in W$. D.h. f liegt auch im Durchschnitt all dieser W, also $f \in U \sqcup V$.

Diejenigen Teilmengen $E \subset F$, für die $E^* = F$ gilt, nehmen eine gewisse Sonderstellung ein, denn man kann jedes $f \in F$ als Produkt von Elementen aus E darstellen oder erzeugen, wenngleich nicht eindeutig.

(1.16) <u>Definition</u>. Sei $E \subset F$ eine Teilmenge der Halbgruppe F, so heißt E ein *Erzeugendensystem von* F, wenn $E^* = F$.

Von besonderem Interesse sind natürlich die endlichen Erzeugendensysteme, sofern es sie überhaupt gibt, denn sie gestatten es, die Halbgruppe verhältnismäßig übersichtlich zu beschreiben.

Abschließend sei noch eine Klasse von Halbgruppen charakterisiert, die diejenige der Gruppen umfaßt, jedoch nicht soweit von den Gruppen entfernt ist, wie die Klasse aller Halbgruppen.

(1.17) <u>Definition</u>. Eine Halbgruppe F heißt *linkskürzbar* [*rechtskürzbar*], wenn für alle f,g,h ∈ F aus fg = fh [gf = hf] stets g = h folgt.

Gruppen sind, da Inverse existieren, links- und rechtskürzbar, also kürzbar schlechthin, jedoch ist die Halbgruppe der natürlichen Zahlen sowohl mit der Addition wie mit der Multiplikation als Verknüpfung kürzbar und doch keine Gruppe.

In Übertragung des Begriffs "Teiler" von den natürlichen Zahlen auf Halbgruppen wird man sagen, daß das Element f ∈ F das Element g "teilt", oder "Teiler" von g ist, wenn immer fh = g ist. Die Nichtkommutativität allerdings zwingt, zwischen links und rechts zu unterscheiden.

(1.18) <u>Definition</u>. f ist *Linksteiler* [*Rechtsteiler*] von g genau dann, wenn f = g ist oder wenn es ein h ∈ F gibt, so daß fh = g [hf = g] .

Übungen zu 1.

1. Sei $\mathcal{M}$ die Menge aller quadratischen, n-reihigen Matrizen über $\mathbb{R}$.
   a) $\mathcal{M}$ bildet eine Halbgruppe unter der Matrixmultiplikation.
   b) $P_m \in \mathcal{M}$ sei eine Matrix mit m Einsen ($m \leq n$) in der Hauptdiagonalen und sonst mit Nullen besetzt. Die Menge $\{P_m M P_m : M \in \mathcal{M}$ und $P_m M P_m$ hat Rang m$\}$ ist eine Untergruppe von $\mathcal{M}$ mit P_m als Einselement.

2. Man weise die Halbgruppenaxiome für die gegebenen Beispiele nach.

3. Man gebe den Beweis zu Satz (1.12) an.

4. Die Halbgruppe der natürlichen Zahlen mit der Addition hat ein endliches Erzeugendensystem.

5. Ist X eine Menge und definiert man für alle $x,y \in X$ ein Produkt durch $xy := x$ [$xy := y$], so ist X mit dieser Verknüpfung eine Halbgruppe $LN(X)$ [$RN(X)$], die aus lauter Linksnullen [Rechtsnullen] besteht.

6. Sind $f,g \in LN(X)$ [$\in RN(X)$], so gilt: f und g haben einen gemeinsamen Linksteiler [Rechtsteiler] genau dann, wenn $f = g$ ist.

2. Homomorphismen von Halbgruppen

Vergleicht man algebraische Strukturen wie Halbgruppen oder Gruppen miteinander, so kann man die mengentheoretische Inklusion als Vergleichsmaßstab heranziehen. Jedoch ist dieser Maßstab in vielen Fällen zu grob, etwa dann, wenn die Halbgruppen H und F durch einfache Umbenennung ihrer Elemente auseinander hervorgehen. Sicher ist dann weder H in F enthalten noch umgekehrt. Was die Umbenennung im wesentlichen bedeutet, sagt

(2.1) <u>Definition</u>. Seien F und H Halbgruppen (oder Gruppen). Eine Abbildung

$$\varphi : F \to H$$

heißt *Homomorphismus* (von F in H), wenn gilt

$$\varphi(fg) = \varphi(f)\varphi(g) \qquad (f,g \in F).$$

Spezielle Homomorphismen:
Ist $F = H$, so heißt φ *Endomorphismus*.
Ist $F = H$ und φ bijektiv, so heißt φ *Automorphismus*.
Ist φ surjektiv, so heißt φ *Epimorphismus* und H ein *homomorphes Bild* von F.
Ist φ injektiv, so heißt φ *Monomorphismus*.
Ist φ bijektiv, so heißt φ *Isomorphismus* und F und H sind *isomorph* ($F \simeq H$).
Hom(F,H) bezeichnet die Menge aller Homomorphismen $\varphi : F \to H$.

Die Bedingung für einen Homomorphismus nennt man häufig *Verträglichkeitsbedingung*, denn sie besagt, daß die Abbildung mit den Halbgruppenverknüpfungen in dem Sinne verträglich ist, daß es unerheblich ist, ob man erst das Produkt in F bildet und dann zum φ-Bild übergeht oder ob man erst zu den φ-Bildern übergeht und dann deren Produkt in H bildet.

Ist $U \subset F$ Unterhalbgruppe, so ist es auch $\varphi(U)$, überdies wird — trivialerweise — die Inklusionsbeziehung zwischen Unterhalbgruppen bei dem Homomorphismus φ erhalten. Da $\varphi(uu) = \varphi(u)\varphi(u)$, gehen Idempotente in Idempotente über. Jedoch ist für eine Linksnull $n_1 \in F$ das Bild $\varphi(n_1)$ nicht immer Linksnull in H, es sei denn φ ist surjektiv. Entsprechendes gilt für Rechtsnullen, Links- und Rechtseinsen und für Null- bzw. Einselemente schlechthin.

In Abschnitt 5 wird der Homomorphiebegriff nochmals von einer anderen Seite her beleuchtet werden. Hier werden wir ihn dazu benützen, eine spezielle Klasse von Halbgruppen zu charakterisieren.

(2.2) <u>Definition</u>. Eine Teilmenge $E \subset F$ heißt *freies Erzeugendensystem*, wenn gilt:

1. $E^* = F$ und
2. Zu jeder Halbgruppe H und jeder Abbildung $\varphi_o : E \to H$ gibt es ein $\varphi \in \text{Hom}(F,H)$, so daß $\varphi|E = \varphi_o$,

und in diesem Fall heißt F *frei (über E)*.

Die zweite Bedingung besagt also gerade, daß die (beliebig gewählte) Abbildung φ_o fortgesetzt werden kann zu einem Homomorphismus φ, der allerdings nicht surjektiv zu sein braucht. Diese Fortsetzung ist sogar eindeutig bestimmt, denn ist $f \in F$ dargestellt als $f = e_1 e_2 \ldots e_n$ mit $e_i \in E$, so gilt für zwei Forsetzungen φ und φ' von $\varphi_o : \varphi(f) = \varphi_o(e_1)\varphi_o(e_2)\ldots\varphi_o(e_n) = \varphi'(f)$, d.h. es ist $\varphi = \varphi'$.

Dieser Umstand macht freie Erzeugendensysteme so bequem, weil hier statt des ganzen Homomorphismus lediglich die Abbildung φ_o betrachtet zu werden braucht, jedoch erkauft man sich diese Bequemlichkeit durch starke Einschränkung.

Im folgenden werden wir die Klasse der freien Halbgruppen durch die sogenannten Worthalbgruppen charakterisieren. Informell gesprochen, besteht eine Worthalbgruppe aus allen endlichen "Ketten" oder "Worten" über einem "Alphabet" X , und die Halbgruppenverknüpfung ist das Nebeneinanderstellen zweier solcher Worte, die Konkatenation oder Juxtaposition.

Um diese Vorstellungen zu präzisieren, bilden wir mit einer nichtleeren Menge X , dem *Alphabet*, induktiv die kartesischen Produkte

$$X_1 := X \qquad X_{n+1} := X \times X_n .$$

Die Vereinigung

$$W(X) := \bigcup_{n \in \mathbb{N}} X_n$$

heißt dann die Menge aller *Worte über* X . Zur Vereinfachung der Schreibweise wollen wir für ein Wort $u \in W(X)$ auch

$$u = x_1 x_2 \ldots x_n := (x_1, x_2, \ldots, x_n)$$

schreiben und nennen dabei

$$|u| := n$$

die *Länge* von u .
Um nun W(X) zu einer Halbgruppe zu machen, wird eine Verknüpfung für je zwei Worte $u = x_1 x_2 \ldots x_n$ und $v = y_1 y_2 \ldots y_m$ ($x_i, y_k \in X$) , die *Konkatenation* von u und v , durch

(2.3) $\qquad u \frown v := x_1 x_2 \ldots x_n y_1 y_2 \ldots y_m$

definiert, und auch hier kürzen wir, wenn keine Verwechslungen zu befürchten sind, ab:

$$uv := u \frown v$$

(2.4) **Definition**. Die Menge $W(X)$ versehen mit der Verknüpfung (2.3) als Halbgruppenverknüpfung heißt die *Worthalbgruppe über* X. Der *Rang* von $W(X)$ ist $card(X)$.

Da in kartesischen Produkten die Gleichheit von Elementen durch die komponentenweise Gleichheit definiert ist, erhält man leicht

(2.5) **Satz**. 1. Jedes $u \in W(X)$ ist eindeutig als Produkt von Elementen $x \in X$ darstellbar.

2\. $W(X)$ ist sowohl links- wie rechtskürzbar.

Ist H eine Halbgruppe und $\varphi_0 : X \to H$ irgendeine Abbildung, so liefert die durch

$$\varphi(x_1 \ldots x_n) := \varphi_0(x_1)\varphi_0(x_2) \cdots \varphi_0(x_n)$$

definierte Abbildung einen Homomorphismus $\varphi : W(X) \to H$, denn man zeigt leicht $\varphi(uv) = \varphi(u)\varphi(v)$, ferner ist dann $\varphi(x) = \varphi_0(x)$, d.h. $\varphi|X = \varphi_0$. Da schließlich — trivialerweise — $X^* = W(X)$, ist $W(X)$ frei über X.

Die Frage, wann zwei Worthalbgruppen isomorph sind, wird durch das nächste Resultat in einfacher Weise auf den Mächtigkeitsvergleich der Alphabete zurückgeführt.

(2.6) **Satz**. $W(X) \simeq W(Y)$ genau dann, wenn $card(X) = card(Y)$.

Beweis: "$\to$": Sei $\varphi : W(X) \to W(Y)$ der Isomorphismus. Gesetzt es wäre $\varphi(x) = y_1 y_2 \ldots y_n \in W(Y)$ für ein $x \in X$, so lieferte die Umkehrabbildung φ^{-1}: $x = \varphi^{-1}(y_1)\varphi^{-1}(y_2) \cdots \varphi^{-1}(y_n)$. Damit wäre x als Produkt von $W(X)$-Elementen dargestellt! Also ist $\varphi(x) \in Y$. Da analog $\varphi^{-1}(y) \in X$ gilt, sind die Mengen X und Y durch φ bijektiv aufeinander bezogen: $card(X) = card(Y)$.

"←": Sei $\varphi_o : X \to Y$ bijektiv. Da $W(X)$ frei über X ist, gibt es einen Homomorphismus $\varphi : W(X) \to W(Y)$ mit $\varphi|X = \varphi_o$. Da folglich $\varphi(X) = Y$, ist φ surjektiv. Ist schließlich $\varphi(x_1 \ldots x_n) = \varphi(x_1' x_2' \ldots x_m')$ so folgt $\varphi_o(x_1) \cdots \varphi_o(x_n) = \varphi_o(x_1') \cdots \varphi_o(x_m')$. Da die $\varphi_o(x_i)$ bzw. $\varphi_o(x_i')$ Elemente von Y sind, liefert (2.5)No.1: $m = n$ und $\varphi_o(x_i) = \varphi_o(x_i')$. Die Bijektivität von φ_o ergibt sodann $x_i = x_i'$. Also ist φ auch Isomorphismus.

Mit diesen Resultaten ist die Struktur der Worthalbgruppen im wesentlichen aufgeklärt und wir sind nun in der Lage, die freien Halbgruppen zu charakterisieren.

(2.7) <u>Satz</u>. Die Halbgruppe F ist genau dann frei, wenn es eine Menge X gibt, so daß $F \simeq W(X)$.

Beweis: 1. "→": F sei frei über $E \subset F$. Mit der Menge E wird $W(E)$ gebildet. Ist nun $\iota: E \to W(E)$ die Inklusionsabbildung, so gibt es einen Homomorphismus $\varphi : F \to W(E)$ mit $\varphi|E = \iota$, da F frei über E ist. Um Verwechslungen zu vermeiden, bezeichne diesmal der Malpunkt "·" die Verknüpfung in der Halbgruppe F. Ist nun $f \in F$, so kann f dargestellt werden als $f = e_1 \cdot e_2 \ldots \cdot e_n$, da E Erzeugendensystem von F ist. Also ist $\varphi(f) = \varphi(e_1)\varphi(e_2)\ldots\varphi(e_n)$ und schließlich $\varphi(f) = e_1 e_2 \ldots e_n$, da $\varphi|E = \iota$ und $\varphi(e_i) = e_i$. Daraus sieht man daß φ surjektiv ist. Aus $\varphi(f) = \varphi(g)$ mit $g = e_1' \cdot e_2' \cdot \ldots \cdot e_m'$ erhält man $e_1 e_2 \ldots e_n = e_1' e_2' \ldots e_m'$. Da $W(E)$ Worthalbgruppe ist, folgt $n = m$ und $e_i = e_i'$, also $f = g$. D.h. φ ist bijektiv: $W(E) \simeq F$.

2. "←": Sei nunmehr $W(X) \simeq F$ und $\psi : F \to W(X)$ ein Isomorphismus. Wir zeigen, daß F frei über $\psi^{-1}(X)$ ist: Sei $\varphi_o : \psi^{-1}(X) \to H$ belie-

big, so liefert $\varphi_0\psi^{-1}$ eine Abbildung $\varphi_0\psi^{-1} : X \to H$. Da $W(X)$ frei ist über X, gibt es einen Homomorphismus $\varphi : W(X) \to H$ mit $\varphi|X = \varphi_0\psi^{-1}|X$. Nun ist $\varphi\psi \in \text{Hom}(F,H)$ und man hat für $e \in \psi^{-1}(X)$, d.h. für $e = \psi^{-1}(x) : \varphi\psi(e) = \varphi\psi\psi^{-1}(x) = \varphi(x) = \varphi_0\psi^{-1}(x) = \varphi_0(e)$. Also $\varphi\psi|X = \varphi_0$. Verbleibt noch zu zeigen, daß $\psi^{-1}(X)$ Erzeugendensystem für F ist. Sei $f \in F$, so gibt es ein Wort $x_1x_2...x_n \in W(X)$ derart, daß $f = \psi^{-1}(x_1x_2...x_n) = \psi^{-1}(x_1)\cdot\psi^{-1}(x_2)\cdot...\cdot\psi^{-1}(x_n)$. Da $\psi^{-1}(x_i) \in \psi^{-1}(X)$, ist also f als Produkt von Elementen aus $\psi^{-1}(X)$ dargestellt.

Es stimmt also die Klasse der freien Halbgruppen mit der Klasse der Worthalbgruppen überein.

Häufig wird in der Literatur angenommen, daß eine freie Halbgruppe oder eine Worthalbgruppe ein Einselement enthält. Nach unseren bisherigen Überlegungen besteht dazu kein Zwang, doch kann man auch zu einer Worthalbgruppe genauso ein Einselement hinzunehmen, wie es im Anschluß an die Definition (1.5) beschrieben wurde. Aus Konsistenzgründen faßt man dieses Einselement formal als das sogenannte leere Wort auf, d.h. als das Wort, das die "Länge" Null hat und keine "Buchstaben" enthält. Man beachte aber, daß $W(X)^1$ nicht mehr frei ist im Sinne von Definition (2.2) (vgl. Übung (2.6)).

Zum Abschluß dieses Abschnittes sei noch eine Konstruktion angegeben, die in bestimmter Weise aus vorgegebenen Halbgruppen eine neue macht.

(2.8) <u>Definition</u>. Sei $\{F_i : i = 1...n\}$ eine endliche Familie von Halbgruppen. Das *direkte Produkt* $\underset{i=1}{\overset{n}{\times}} F_i$ ist diejenige Halbgruppe, deren zugrunde liegende Menge das kartesische Produkt $F_1 \times F_2 \times ... \times F_n$ ist, mit der Verknüpfung

$$(f_1f_2,...,f_n)(g_1,g_2,...,g_n) := (f_1g_1,f_2g_2,...,f_ng_n),$$

wobei $f_i, g_i \in F_i$ ist.

Die universelle Eigenschaft des direkten Produktes zeigt Übung (2.7).

Übungen zu 2.

1. Ist $\varphi : F \to H$ ein Isomorphismus, so auch dessen Umkehrung φ^{-1}.

2. Man zeige durch vollständige Induktion, daß (2.3) eine assoziative Verknüpfung ist.

3. Zu jeder Halbgruppe F gibt es eine freie Halbgruppe $W(X)$ derart, daß F homomorphes Bild von $W(X)$ ist.
   (Hinweis: man nehme als X ein Erzeugendensystem von F)

4. Die additive Halbgruppe der natürlichen Zahlen ist frei über $\{1\}$.
   Ist die multiplikative Halbgruppe der natürlichen Zahlen frei über der Menge der Primzahlen?

5. Sei $\text{card}(X) \geq 2$. $W(X)$ enthält echt eine freie Halbgruppe abzählbar unendlichen Ranges.
   Man zeige ferner, daß für beliebiges $k \in \mathbb{N}$ $W(X)$ eine Untergruppenkette vom Ordnungstyp $k\omega + 1$ enthält.
   (Hinweis: Für $a,b \in X$ sei $u_n := b^n a b^n$ und
   $U_m := \{u_n : 1 \leq n \leq m\}$, sowie $U := \{u_n : 1 \leq n\}$. Man zeige, daß U_m^* und U^* frei über U_m bzw. U sind)

6. Man zeige, daß $W(X)^1$ nicht frei ist.

7. Das direkte Produkt $\overset{n}{\underset{i=1}{\times}} F_i$ hat die folgende universelle Eigenschaft:
   Es gibt Homomorphismen $p_k : \overset{n}{\underset{i=1}{\times}} F_i \to F_k$ $(k = 1\ldots n)$ derart, daß es zu jeder Halbgruppe H und zu jeder Familie von Homomorphismen $\alpha_k : H \to F_k$ $(k = 1\ldots n)$ genau einen Homomorphismus $\alpha : H \to \overset{n}{\underset{i=1}{\times}} F_i$ gibt, so daß $p_k \alpha = \alpha_k$ für $k = 1\ldots n$ gilt.
   (Hinweis:
   $p_k(f_1, f_2, \ldots, f_n) := f_k$; $\alpha(h) := (\alpha_1(h), \alpha_2(h), \ldots, \alpha_n(h)))$.

3. Ideale in Halbgruppen

Wir wenden uns wieder den allgemeinen Halbgruppen zu. Ziel dieses Abschnitts ist es, einen Satz zu beweisen, der einerseits Einblick in den Aufbau der Halbgruppen gibt und andererseits in einem späteren Abschnitt ein gutes Hilfsmittel zur Untersuchung der Semimoduln abgibt.

Aus der Theorie der Ringe ist das Linksideal bekannt, das eine additive Untergruppe des Ringes mit dem Ring selbst als Linksmultiplikatorenbereich ist. Viele Begriffe und zum Teil auch Sätze der Halbgruppentheorie wie auch der später zu behandelnden Theorie der Semimoduln sind der Ringtheorie entnommen unter Weglassung der additiven Struktur.

(3.1) <u>Definition</u>. Eine nichtleere Teilmenge $T \subset F$ einer Halbgruppe F heißt *Linksideal* [*Rechtsideal*], wenn $FT \subset T$ [$TF \subset T$] gilt. Ist T gleichzeitig Links- und Rechtsideal, so heißt T ein *zweiseitiges Ideal*.

Linksideale sind also Teilmengen, die gegen die Linksmultiplikation mit Elementen aus F abgeschlossen sind. Infolgedessen sind sie auch gegen Linksmultiplikation mit Elementen aus dem Linksideal selbst abgeschlossen, d.h. aber, daß Linksideale auch Unterhalbgruppen sind.

(3.2) <u>Satz</u>. Ist T ein Links- oder Rechtsideal oder ein zweiseitiges Ideal, so ist T Unterhalbgruppe.

Ebenso wie die Unterhalbgruppen sind die Linksideale, die Rechtsideale und die zweiseitigen Ideale jeweils gegen die Durchschnittsbildung abgeschlossen, doch gilt gleiches auch für die Vereinigung, wie der nächste Satz zeigt.

(3.3) <u>Satz</u>. Sei $\{T_i : i \in I\}$ eine Familie von Links- [Rechts-, zweiseitigen] Idealen der Halbgruppe F, so ist auch

$$\bigcup_{i \in I} T_i$$

ein Links- [Rechts-, zweiseitiges] Ideal, und ebenso

$$\bigcap_{i \in I} T_i \; ,$$

sofern dieser Durchschnitt nicht leer ist.

Beweis: 1. ist $t \in \bigcup T_i$, so ist $t \in T_i$ für ein $i \in I$. Folglich gilt $ft \in T_i$ für jedes $f \in F$, und deshalb ist $ft \in \bigcup T_i$.

2. Ist $t \in \bigcap T_i$, so ist $t \in T_i$ für jedes $i \in I$. Folglich gilt auch $ft \in T_i$ für jedes $f \in F$ und $i \in I$, weshalb $ft \in \bigcap T_i$ ist.

Sei nun L ein Linksideal und R ein Rechtsideal. Da L gegen Linksmultiplikation mit $r \in R \subset F$ abgeschlossen ist, gilt $RL \subset L$, und ebenso $RL \subset R$, weil R ein Rechtsideal ist:

(3.4) $$R \cap L \supset RL \; .$$

Der Durchschnitt von Rechts- und Linksidealen ist daher nie leer.

(3.5) <u>Definition</u>. Ein Linksideal [Rechtsideal, zweiseitiges Ideal] $T \subset F$ heißt *minimal*, wenn für jedes Linksideal [Rechtsideal, zweiseitiges Ideal] M gilt: aus $M \subset T$ folgt $M = T$.

(3.6) <u>Satz</u>. Für das Links- [Rechts-] Ideal $T \subset F$ sind die folgenden Aussagen äquivalent:

a) T ist minimal

b) für jedes $t \in T$ gilt $Ft = T$ [$tF = T$]

c) zu je zwei $t_1, t_2 \in T$ gibt es ein $f \in F$ mit $ft_1 = t_2$ [$t_1 f = t_2$].

Beweis: "a → b": Da für $f,g \in F$ sowohl $gt \in T$ und damit $f(gt) \in T$ gilt, sobald $t \in T$, ist Ft ein Linksideal derart, daß $Ft \subset T$. Mit der Minimalität folgt $Ft = T$.

"b → c": Seien $t_1, t_2 \in T$ beliebig. Nach Voraussetzung ist $Ft_1 = T$, d.h. $t_2 \in Ft_1$. Folglich $t_2 = ft_1$ für ein $f \in F$.

"c → a": Sei $M \subset T$ ein Linksideal. Ist nun $t \in T$ und $m \in M$, so gibt es nach Voraussetzung ein $f \in F$ derart, daß $fm = t$. Da M Linksideal ist, folgt $t = fm \in M$, also $T \subset M$, und deshalb $T = M$.

Die Existenz von minimalen Idealen ist im allgemeinen keineswegs gesichert. Z.B. sind die (zweiseitigen) Ideale in der Halbgruppe der natürlichen Zahlen mit der Addition als Verknüpfung gerade die Mengen

$$T_n = \{m \in \mathbb{N} : n \leq m\},$$

die eine absteigende, nicht abbrechende Kette

$$\cdots \supset T_i \supset T_{i+1} \supset \cdots$$

bilden. Diese Halbgruppe kann also keine minimalen Ideale haben. Das andere Extrem bilden die endlichen Halbgruppen. Sie haben stets minimale Ideale jeglichen Typs, denn hier können, eben aus Gründen der Endlichkeit von F, derartige absteigende und nie abbrechende Idealketten nicht auftreten.

(3.7) <u>Definition</u>. F erfüllt die *Minimalbedingung für Links- [Rechts-, zweiseitige] Ideale*, wenn jede nichtleere Menge $\mathfrak{M}$ von Links- [Rechts-, zweiseitigen] Idealen ein minimales Element enthält, d.h. ein Links- [Rechts-, zweiseitiges] Ideal, das kein Element von $\mathfrak{M}$ echt umfaßt.

Die Minimalbedingung ist rein ordnungstheoretischer Natur und nimmt nur insoweit auf die algebraische Struktur von F Bezug, als lediglich gewisse Teilmengen von F , eben die Ideale, betrachtet werden. In dem späteren Abschnitt 8 werden wir eine analoge Bedingung für die dort behandelten Semimoduln stellen, die für Halbgruppen mit der hier genannten übereinstimmt. An dieser Stelle (Satz 8.2) werden wir dann auch nachweisen, daß die Minimalbedingung damit äquivalent ist, daß absteigende Idealketten (siehe oben) abbrechen. Es erfüllt also die Halbgruppe der natürlichen Zahlen sowohl unter der Addition wie unter der Multiplikation die Minimalbedingung n i c h t . (Siehe auch Übung (3.2)).

Beispiele für Halbgruppen, die die Minimalbedingung erfüllen, liefert die Klasse aller Gruppen. Sei nämlich $T \subset F$ ein Linksideal der Gruppe F , so gilt für jedes $t \in T$ die Inklusion $t^{-1}T \subset T$, da $t^{-1} \in F$ und T Linksideal ist. Infolgedessen ist $t^{-1}t = 1 \in T$ und T stimmt mit F überein, denn es gilt, da $1 \in T$, $FT \supset F$, d.h. $F \subset FT \subset T \subset F$! Das einzige Ideal einer Gruppe ist daher die Gruppe selbst, und somit ist die Minimalbedingung für Ideale jeglichen Typs für Gruppen trivialerweise gültig. Die folgenden Ergebnisse, die unter der einschränkenden Minimalbedingung hergeleitet werden, sind danach auch für Gruppen zutreffend. Umgekehrt werden wir sehen, wie weit sich die Halbgruppen dieses eingeschränkten Typs von den Gruppen "entfernen".

Sind L_i und L_j zwei minimale Linksideale, so ist für $l \in L_j$ die Menge $L_i l$ ein Linksideal, das in L_j enthalten ist. Die Minimalität von L_j bringt dann

(3.8) $$L_i l = L_j \qquad (l \in L_j) .$$

Man kann also jedes minimale Linksideal durch Rechtsmultiplikation in jedes andere überführen.

Im folgenden bezeichne

$$\{L_\lambda : \lambda \in \Lambda\} \quad \text{und} \quad \{R_\rho : \rho \in P\}$$

die Familien aller minimalen Links- bzw. Rechtsideale. Die Minimalbedingung für Links- [Rechts-] Ideale besagt insbesondere, daß Λ [P] nicht leer ist, d.h. daß es tatsächlich minimale Links- [Rechts-] Ideale gibt.

(3.9) <u>Satz</u>. Die Halbgruppe F erfülle die Minimalbedingung für Links- [Rechts-] Ideale. Dann ist

$$K = \bigcup_{\lambda \in \Lambda} L_\lambda \qquad \left[= \bigcup_{\rho \in P} R_\rho \right]$$

das kleinste zweiseitige Ideal von F.

Beweis: 1. Da K entsprechend (3.3) Linksideal ist, braucht nur gezeigt zu werden, daß es auch Rechtsideal ist.

Für $f \in F$ ist $L_\lambda f$ ein Linksideal. In der Menge der Linksideale $T \subset L_\lambda f$ gibt es nach Voraussetzung ein minimales Element T_0. T_0 ist aber auch ein minimales Linksideal schlechthin, denn für ein nichtleeres Linksideal U mit $U \subset T_0$ besagt die Minimalität von T_0 gerade $T_0 = U$. Damit ist $T_0 = L_\kappa$ eines der minimalen Linksideale in K und es gilt $K \cap L_\lambda f \neq \emptyset$. Es gibt daher ein $l_0 \in L_\lambda$ so daß $l_0 f \in K$. Nun ist aber K Linksideal, weshalb $L_\lambda(l_0 f) \subset K$. Da schließlich $L_\lambda l_0 = L_\lambda$, wegen der Minimalität von L_λ, erhält man $L_\lambda f \subset K$. Diese Überlegung gilt für jedes $\lambda \in \Lambda$ und beliebiges $f \in F$, so daß $Kf \subset K$ nachgewiesen und K auch Rechtsideal ist.

2. K ist das kleinste zweiseitige Ideal: Sei I irgendein zweiseitiges Ideal. Nun ist $I \cap K \neq \emptyset$, denn andernfalls hätte die Menge der Linksideale $T \subset I$

ein minimales Element T_o, das auch minimales Linksideal schlechthin wäre, aber nicht in der Familie $\{L_\lambda : \lambda \in \Lambda\}$ vorkäme. Wiederum folgt aus der Minimalbedingung, daß $I \cap K \supset L_\lambda$ für ein $\lambda \in \Lambda$. Durchläuft nun f alle Elemente von F, so auch alle Elemente aller L_μ. Wegen (3.8) heißt das aber $L_\lambda F \supset K$. Damit erhält man die Inklusionsbeziehung

$$K \subset L_\lambda F \subset (I \cap K)F \subset IF \cap KF \subset I \cap K,$$

und $K \subset I \cap K$. Letzteres besagt $K \subset I$, d.h. aber K ist in jedem zweiseitigen Ideal I enthalten und somit das kleinste dieser Art.

Damit ist unter der Voraussetzung der Minimalbedingung für Linksideale die Existenz genau eines minimalen zweiseitigen Ideals K in F nachgewiesen. Überdies hat dieses K schon einen recht übersichtlichen Aufbau: die L_λ sind paarweise disjunkt, denn $L_\lambda \cap L_\kappa \neq \emptyset$ wäre nach (3.3) ein Linksideal, das in L_λ und in L_κ enthalten ist, was mit der Minimalität zugleich $L_\lambda = L_\lambda \cap L_\kappa = L_\kappa$ brächte. Die Ideale L_λ brauchen jedoch noch nicht einheitlich strukturiert zu sein, wenngleich deren paarweise Überführbarkeit durch geeignete Rechtsmultiplikation (vgl. (3.8)) einen inneren Zusammenhang der L_λ vermuten läßt.

(3.10) <u>Satz</u>. Die Halbgruppe F erfülle die Minimalbedingung für Rechts- und Linksideale. Dann gilt:

1. $K = \bigcup_{\lambda \in \Lambda} L_\lambda = \bigcup_{\rho \in P} R_\rho$ ist das kleinste zweiseitige Ideal in F.
2. $R_\rho \cap L_\lambda = R_\rho L_\lambda$
3. $G_{\rho\lambda} := R_\rho \cap L_\lambda = R_\rho L_\lambda$ sind Untergruppen
4. Die Gruppen $G_{\rho\lambda}$ sind paarweise isomorph. Die Isomorphismen erhält man wie folgt:
   Sind $e_{\rho\lambda} \in G_{\rho\lambda}$ die Einselemente der Gruppen

$G_{\rho\lambda}$, so gilt

$$G_{\rho\lambda} e_{\rho\mu} = G_{\rho\mu}$$

$$e_{\sigma\lambda} G_{\rho\lambda} = G_{\sigma\lambda}$$

und die Zuordnungen

$$g \to g e_{\rho\mu} \qquad (g \in G_{\rho\lambda})$$

$$g \to e_{\sigma\lambda} g$$

sind Isomorphismen.

Beweis: 1. Nach Satz (3.9) sind $K_\Lambda = \bigcup_\lambda L_\lambda$ und $K_P = \bigcup_\rho R_\rho$ beide das kleinste zweiseitige Ideal in F, also $K_\Lambda = K_P$.

2. Wegen (3.4) braucht nur $R_\rho \cap L_\lambda \subset R_\rho L_\lambda$ gezeigt zu werden. Sei $f \in R_\rho \cap L_\lambda$, so ist insbesondere $f \in L_\lambda$. Da L_λ minimal und K auch Linksideal ist, gilt $Kf = L_\lambda$, d.h. es gibt ein $r \in K$, so daß $rf = f$ ist. $r \in K = \bigcup_{\sigma \in P} R_\sigma$ heißt aber $r \in R_\sigma$ für ein $\sigma \in P$. Da ferner $f \in R_\rho$, muß $r \in R_\rho$ ebenfalls sein, denn nur dann ist $rf = f \in R_\rho$. D.h. aber $f = rf$ mit $r \in R_\rho$ und $f \in L_\lambda$, folglich $f \in R_\rho L_\lambda$.

3. Die Menge $R_\rho L_\lambda R_\rho$ ist ein Rechtsideal, da R_ρ eines ist, und außerdem in R_ρ enthalten. Folglich $R_\rho L_\lambda R_\rho = R_\rho$. Also ist $G_{\rho\lambda} G_{\rho\lambda} = R_\rho L_\lambda R_\rho L_\lambda = R_\rho L_\lambda = G_{\rho\lambda}$, d.h. $G_{\rho\lambda}$ ist Unterhalbgruppe von F.

Als nächstes ist die Existenz eines Einselements $e_{\rho\lambda} \in G_{\rho\lambda}$ nachzuweisen. Dazu wird zunächst

(3.11)
$$G_{\rho\lambda}g_{\sigma\mu} = G_{\rho\mu}$$
$$g_{\sigma\mu}G_{\rho\lambda} = G_{\sigma\lambda}$$
$(g_{\sigma\mu} \in G_{\sigma\mu})$

gezeigt: Da $g_{\sigma\mu} \in R_\sigma \cap L_\mu$, ist insbesondere $g_{\sigma\mu} \in L_\mu$ und deshalb $L_\lambda g_{\sigma\mu} \subset L_\mu$, weil L_μ Linksideal ist. Die Minimalität von L_μ erzwingt $L_\lambda g_{\sigma\mu} = L_\mu$, da $L_\lambda g_{\sigma\mu}$ selbst ein Linksideal ist. Also $G_{\rho\lambda}g_{\sigma\mu} = R_\rho L_\lambda g_{\sigma\mu} = R_\rho L_\mu = G_{\rho\mu}$. Die zweite obengenannte Gleichheit folgt analog. Damit gibt es insbesondere zu jedem $g \in G_{\rho\lambda}$ ein $g_0 \in G_{\rho\lambda}$ mit $g_0 g = g$ wegen $G_{\rho\lambda}g = G_{\rho\lambda}$. Ist andererseits $h \in G_{\rho\lambda}$ beliebig, so kann man wegen $gG_{\rho\lambda} = G_{\rho\lambda}$ stets $h = gh'$ mit $h' \in G_{\rho\lambda}$ schreiben und erhält $g_0 h = g_0(gh') = (g_0 g)h' = gh' = h$, d.h. g_0 ist Linkseins in $G_{\rho\lambda}$. Gleichermaßen zeigt man die Existenz einer Rechtseins, woraus folgt, daß das vorhandene g_0 das Einselement $e_{\rho\lambda}$ von $G_{\rho\lambda}$ ist.

Die Existenz einer Linksinversen zu g folgt nun ebenfalls aus $G_{\rho\lambda}g \supset G_{\rho\lambda}$, da ja $e_{\rho\lambda} \in G_{\rho\lambda}$. Also ist $G_{\rho\lambda}$ eine Untergruppe.

4. Wegen (3.11) ist die auf $G_{\rho\lambda}$ definierte Abbildung $g \mapsto ge_{\rho\mu}$ in $G_{\rho\mu}$ eine Surjektion. Sie ist sogar ein Homomorphismus, denn

$$(ge_{\rho\mu})(he_{\rho\mu}) = g(e_{\rho\mu}(he_{\rho\mu})) = (gh)e_{\rho\mu}$$

für $g,h \in G_{\rho\lambda}$. Das zweite Gleichheitszeichen gilt deshalb, weil wegen (3.11) $he_{\rho\mu} \in G_{\rho\mu}$ und $e_{\rho\mu}$ die Einheit in $G_{\rho\mu}$ ist. Für die zweite Zuordnung $g \mapsto e_{\sigma\lambda}g$ zeigt man analog, daß sie ein Epimorphismus ist.

Da Homomorphismen von Gruppen in Gruppen die Einselemente ineinander überführen, gelten die Rechenregeln

(3.12)
$$e_{\rho\lambda}e_{\rho\mu} = e_{\rho\mu}$$
$$e_{\sigma\lambda}e_{\rho\lambda} = e_{\sigma\lambda}$$
$(\rho,\sigma \in P, \lambda,\mu \in \Lambda)$

Die Hintereinanderschaltung zweier solcher durch Rechtsmultiplikation definierten Abbildungen:

$$g \mapsto g e_{\rho\mu} \mapsto (g e_{\rho\mu}) e_{\rho\lambda} \qquad (g \in G_{\rho\lambda})$$

induziert in $G_{\rho\lambda}$ die identische Abbildung, weil $(g e_{\rho\mu}) e_{\rho\lambda} = g(e_{\rho\mu} e_{\rho\lambda}) = g e_{\rho\lambda} = g$, wegen (3.12). Ebenso liefert

$$h \mapsto h e_{\rho\lambda} \mapsto (h e_{\rho\lambda}) e_{\rho\mu} \qquad (h \in G_{\rho\mu})$$

die Identität in $G_{\rho\mu}$, weshalb die Abbildungen $g \mapsto g e_{\rho\mu} (g \in G_{\rho\lambda})$ und $h \mapsto h e_{\rho\lambda} (h \in G_{\rho\mu})$ auch bijektiv und damit Isomorphismen sind. Die analoge Beweisführung mit den entsprechenden Linksmultiplikationen schließt den Beweis ab.

Die Bedeutung des Ideals K und seine übersichtliche Struktur hat als erster A. SUSCHKEWITSCH (1928) erkannt und für endliche Halbgruppen untersucht. Er nannte K die Kerngruppe von F , gelegentlich wird K auch *Suschkewitschkern* von F genannt.

Aus der ersten Behauptung des letzten Satzes folgt nun

$$L_\lambda = \bigcup_{\rho \in P} (R_\rho \cap L_\lambda) = \bigcup_{\rho \in P} G_{\rho\lambda}$$

(3.13)

$$R_\rho = \bigcup_{\lambda \in \Lambda} (R_\rho \cap L_\lambda) = \bigcup_{\lambda \in \Lambda} G_{\rho\lambda} \quad .$$

Da außerdem für verschiedene λ und μ bzw. ρ und σ $L_\lambda \cap L_\mu = \emptyset$ bzw. $R_\rho \cap R_\sigma = \emptyset$ ist, gilt $G_{\rho\lambda} \cap G_{\mu\sigma} = \emptyset$. Es sind also in (3.13) die Linksideale L_λ und die Rechtsideale R_ρ zerlegt in die Gruppen $G_{\rho\lambda}$. Zeichnet man ferner willkürlich je ein Element der Indexmengen Λ und P aus, etwa λ_0 und ρ_0 , und kürzt ab

$$G := G_{\rho_0 \lambda_0} ,$$

so kann man u.a. aufgrund der vierten Behauptung des letzten Satzes schreiben:

$$G_{\rho\lambda} = e_{\rho\lambda} G e_{\rho_0\lambda} = e_{\rho\lambda_0} G e_{\rho\lambda}$$

womit

$$L_\lambda = \{e_{\rho\lambda} : \rho \in P\} \cdot G \cdot e_{\rho_0\lambda}$$

(3.14)

$$R_\rho = e_{\rho\lambda_0} \cdot G \cdot \{e_{\rho\lambda} : \lambda \in \Lambda\} .$$

Da die $G_{\rho\lambda}$ paarweise disjunkt sind, ist die durch (3.14) gegebene Faktorisierung von $l \in L_\lambda$ und $r \in R_\rho$ eindeutig. Zur Veranschaulichung von K betrachte man den folgenden Diagrammausschnitt:

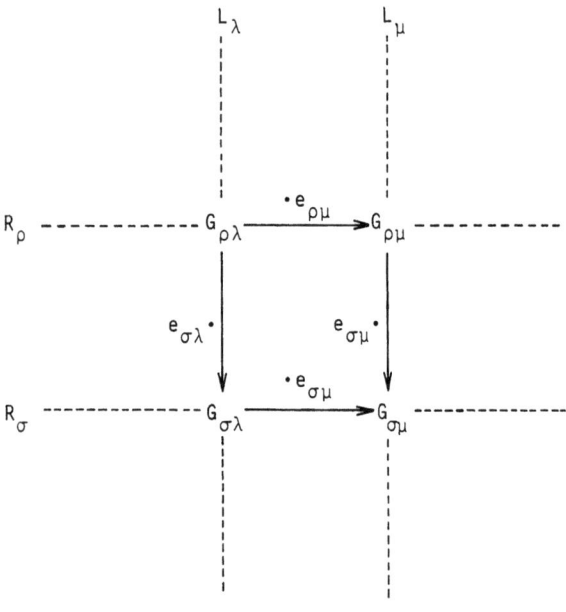

Die eingetragenen Pfeile tragen den Isomorphismen gemäß Satz (3.10) 4. Rechnung.

Der folgende Satz ist eine Konsequenz des letzten. Er ist im Zusammenhang mit Satz (3.6) zu lesen: während (3.6) Aussagen über die Linksmultiplikation von minimalen Linksidealen macht, sagt der folgende Satz etwas über die Rechtsmultiplikation von minimalen Linksidealen mit Elementen aus F aus.

(3.15) <u>Satz</u>. Erfülle F die Minimalbedingung für Links- und Rechtsideale, so gilt:
Für beliebiges $f \in F$ und $\lambda \in \Lambda$ [$\rho \in P$] ist

$$L_\lambda f = L_\mu \qquad [fR_\rho = R_\sigma]$$

für ein $\mu \in \Lambda$ [$\sigma \in P$] , und die Zuordnung

$$l \mapsto lf \qquad (l \in L_\lambda)$$
$$[r \mapsto fr \qquad (r \in R_\rho)]$$

ist eine bijektive Abbildung von $L_\lambda [R_\rho]$ auf $L_\mu [R_\sigma]$. Es gilt daher für jedes $f \in F$ die Kürzungsregel:

$$l_1 f = l_2 f \rightarrow l_1 = l_2 \quad (l_1, l_2 \in L_\lambda)$$
$$[fr_1 = fr_2 \rightarrow r_1 = r_2 \quad (r_1, r_2 \in R_\rho)]$$

Beweis: Da $e_{\rho_0 \lambda} e_{\rho_0 \lambda} = e_{\rho_0 \lambda}$, so kann man nach (3.14) schreiben:

$$L_\lambda f = L_\lambda (e_{\rho_0 \lambda} f) .$$

$e_{\rho_0 \lambda}$ gehört zu R_{ρ_0} und folglich $e_{\rho_0 \lambda} f$ ebenfalls. Da nun $\bigcup_\lambda L_\lambda = \bigcup_\rho R_\rho$, gibt es ein $\mu \in \Lambda$ so, daß $e_{\rho_0 \lambda} f \in L_\mu$. Mit (3.8) ist dann $L_\lambda f = L_\mu$, und $e_{\rho_0 \lambda} f = g \in G_{\rho_0 \lambda}$. Gilt nun für $l_1, l_2 \in L_\lambda$, d.h. für $l_1 = e_{\rho_1 \lambda} g_1$, $l_2 = e_{\rho_2 \lambda} g_2$ mit $g_1, g_2 \in G_{\rho_0 \lambda}$, die Beziehung $l_1 f = l_2 f$, so erhält man

(3.16) $\qquad e_{\rho_1 \lambda} g_1 g = e_{\rho_2 \lambda} g_2 g$.

Linksmultiplikation von (3.16) mit $e_{\rho_0\lambda}$ ergibt unter Beachtung von (3.12) und $g_1g, g_2g \in G_{\rho_0\mu}$: $g_1g = g_2g$ und, weil $G_{\rho_0\lambda}$ Gruppe ist: $g_1e_{\rho\mu} = g_2e_{\rho\mu}$. Daraus ergibt die Rechtsmultiplikation mit $e_{\rho\lambda}$, wieder unter Beachtung von (3.12) und $g_1, g_2 \in G_{\rho_0\lambda}$: $g_1 = g_2$. Damit wird aus (3.16): $e_{\rho_1\lambda}e_{\rho_0\mu} = e_{\rho_2\mu}e_{\rho_0\mu}$ und nach Rechtsmultiplikation mit $e_{\rho_0\lambda}$: $e_{\rho_1\lambda} = e_{\rho_2\lambda}$. $g_1 = g_2$ und $e_{\rho_1\lambda} = e_{\rho_2\lambda}$ heißt aber $l_1 = l_2$.

Übungen zu 3.

1. Welches sind die Ideale der additiven, welches der multiplikativen Halbgruppe der natürlichen Zahlen?
2. Ist F frei, so erfüllt F keine Minimalbedingung.

4. Zweistellige Relationen

In diesem Abschnitt werden einige Grundbegriffe über Relationen eingeführt und erläutert. Ebenso wie Abschnitt 1 werden hier die Definitionen die Sätze überwiegen: es sollen lediglich die Notation und die Sprechweise fixiert werden.

(4.1) <u>Definition</u>. Eine n-stellige *Relation* ρ auf der Menge S ist eine Teilmenge $\rho \subset \underbrace{S \times S \times \ldots \times S}_{n}$, und man sagt: $s_1, s_2, \ldots, s_n$ stehen in der Relation ρ, wenn $(s_1, s_2, \ldots, s_n) \in \rho$. Ist $n = 2$, so schreibt man auch $s_1 \rho s_2$ für $(s_1, s_2) \in \rho$.

Ein Beispiel für eine 3-stellige Relation ist die Beziehung "zwischenliegen" in der Geometrie: $(A,B,C) \in \rho$ genau dann, wenn der Punkt B zwischen den Punkten A und C liegt.

Im folgenden werden wir uns *ausschließlich mit zweistelligen Relationen* beschäftigen und dementsprechend die Beispiele wählen.
Die Relation, die auf jedes Paar (s,s') zutrifft heißt

Allrelation $\alpha = \{(s,s') : s,s' \in S\} = S \times S$

Die *identische Relation* oder die *Gleichheitsrelation* trifft nur auf die Paare (s,s) zu:

$$\iota = \{(s,s) : s \in S\} .$$

Deutet man $S \times S$ als Punkte der Ebene, so spricht man manchmal auch von ι als der *Diagonalen*.

Die Relation, die für kein Paar (s,s') zutrifft, heißt die *leere Relation* und wird entsprechend mit $\emptyset$ bezeichnet.

Weitere Beispiele für zweistellige Relationen sind etwa die Relation "$\leq$" auf den natürlichen (rationalen, reellen) Zahlen, die Relation "liegt in" auf der Menge aller Punkte,

Geraden und Ebenen der Geometrie, die Relation "ist enthalten" auf der Menge der Teilmengen einer Menge oder die Relation "ist isomorph" auf einer Menge von Halbgruppen.

(4.2) <u>Definition</u>. Seien ρ, σ zwei Relationen. Die Relation $\rho \cdot \sigma$, definiert durch

$$(s,t) \in \rho \cdot \sigma :\Leftrightarrow \exists r \in S : (s,r) \in \rho \land (r,t) \in \sigma$$

heißt die *Komposition* von ρ und σ.

(4.3) <u>Satz</u>. Die Komposition ist eine assoziative Verknüpfung:

$$(\rho \cdot \sigma) \cdot \tau = \rho \cdot (\sigma \cdot \tau)$$

Beweis: "$\subset$": $(s,t) \in (\rho \cdot \sigma) \cdot \tau$ heißt: es gibt ein $s_2 \in S$ mit $(s,s_2) \in \rho \cdot \sigma$ und $(s_2,t) \in \tau$. $(s,s_2) \in \rho \cdot \sigma$ aber bedeutet $(s,s_1) \in \rho$ und $(s_1,s_2) \in \sigma$ für ein $s_1 \in S$. Infolgedessen gilt $(s,s_1) \in \rho$ und $(s_1,t) \in \sigma \cdot \tau$!
"$\supset$": ist analog zu beweisen.

Potenzen einer Relation ρ werden induktiv definiert durch

$$\rho^1 := \rho \quad , \quad \rho^{n+1} := \rho^n \cdot \rho .$$

(4.4) <u>Definition</u>. Ist ρ eine Relation, so ist die zu ρ *konverse* Relation ρ^c definiert durch

$$(s,t) \in \rho^c :\Leftrightarrow (t,s) \in \rho$$

Da die Relationen als Teilmengen von $S \times S$ eingeführt wurden, ist der Durchschnitt von Relationen, die Vereinigung und die Komplementbildung definiert, ferner sind die Relationen unter der Inklusion geordnet.

(4.5) <u>Definition</u>. Ist ρ eine Relation, so heißen die Mengen

$\rho s := \{t \in S : t \rho s\}$ *Vorbereich* von s (unter ρ),

$t\rho := \{s \in S : t \rho s\}$ *Nachbereich* von t (unter ρ),

$V(\rho) := \bigcup_{s \in S} \rho s$ *Vorbereich* von ρ ,

$N(\rho) := \bigcup_{t \in S} t\rho$ *Nachbereich* von ρ .

Man kann jede Funktion $f : S \to S$ auch als Relation schreiben, festsetzend daß

$$t \rho s :\Leftrightarrow t = f(s) .$$

Für diese Relation wäre der Vorbereich $V(\rho)$ die Bildmenge von f , und der Nachbereich $N(\rho)$ der Definitionsbereich von f , also $N(\rho) = S$. Der Vorbereich ρs von s unter ρ ist die Bildmenge von s unter f , d.h. card(ρs) = 1 und der Nachbereich $t\rho$ von t unter ρ ist die Urbildmenge von t unter f .

(4.6) <u>Definition</u>. Eine Relation ρ heißt

reflexiv, wenn $\iota \subset \rho$;

symmetrisch, wenn $\rho \subset \rho^c$;

transitiv, wenn $\rho \cdot \rho \subset \rho$;

antisymmetrisch, wenn $\rho \cap \rho^c \subset \iota$ gilt.

Die Reflexivität besagt also, daß stets $(s,s) \in \rho$; die Symmetrie, daß $(s,t) \in \rho$ auch $(t,s) \in \rho$ zur Folge hat; die Transitivität, daß aus $s \rho t$ und $t \rho q$ auch $s \rho q$ folgt. Eine reflexive, transitive und symmetrische Relation heißt *Äquivalenzrelation* und eine reflexive, transitive und antisymmetrische Relation heißt *Ordnungsrelation*.

Sei ρ eine Äquivalenzrelation und $t \in \rho s$, so heißt das $t \rho s$ und die Symmetrie besagt dann $s \rho t$. Also gilt aufgrund der Symmetrie $\rho s = s \rho$: der Vor- und Nachbereich von s stimmen überein. Die Reflexivität besagt ferner, daß $s \rho s$ für jedes $s \in S$ gilt. Sei schließlich $r \in \rho s \cap \rho t$, so heißt das $r \rho s$ und $r \rho t$. Ist nun $p \in \rho s$ beliebig, so gilt $p \rho s$ und mit $r \rho s$ folgt aus der Symmetrie und Transitivität $p \rho r$ und wieder $p \rho t$, d.h. $p \in \rho t$. Folglich gilt $\rho s \subset \rho t$, und ähnlich zeigt man $\rho s \supset \rho t$, d.h. $\rho s = \rho t$.

Für die Vorbereiche einer Äquivalenzrelation ρ gilt also entweder $\rho s \cap \rho t = \emptyset$ oder $\rho s = \rho t$.

Jede Äquivalenzrelation bestimmt durch ihre Vorbereiche (oder Nachbereiche), die man auch *Äquivalenzklassen, Klassen* oder *Restklassen* nennt, eine Partition oder Zerlegung von S in eben diese Klassen. Die Anzahl dieser Klassen heißt *Index* von ρ (ind(ρ)).

Es ist aber nicht jede Relation ρ eine Äquivalenzrelation und es entsteht die Frage, wie man ρ zu einer solchen fortsetzen kann. Für beliebiges ρ ist

$$\rho \cup \iota$$

reflexiv, da $\iota \subset \rho \cup \iota$, ferner ist

$$\rho \cup \rho^c$$

symmetrisch, da $(\rho \cup \rho^c)^c = \rho^c \cup \rho$. Die Transitivität zu erzwingen bereitet mehr Schwierigkeiten, man muß die *transitive Hülle*

$$\rho^t := \bigcup_{n \in \mathbb{N}} \rho^n$$

bilden. $s \rho^t p$ heißt danach, daß es $n-1$ Elemente $s_1, \ldots, s_{n-1} \in S$ gibt, so daß $s \rho s_1, s_1 \rho s_2, \ldots, s_{n-1} \rho p$. Ebenso bedeutet $p \rho^t r$, daß gilt $p \rho s_1', s_1' \rho s_2', \ldots s_{m-1}' \rho r$. Folglich gibt es $n+m-1$ Elemente $q_1, \ldots, q_{n+m-1} \in S$, nämlich

$s_1,\ldots,s_{n-1}, p, s_1',\ldots,s_{m-1}'$ mit $s \rho q_1, q_1 \rho q_2,\ldots,q_{n+m-1} \rho r$, d.h. $s \rho^{n+m-1} r$ und folglich $s \rho^t r$. Wir haben also gezeigt, daß aus $s \rho^t p$ und $p \rho^t r$ auch $s \rho^t r$ folgt, womit die Transitivität von ρ^t bewiesen ist. Mit diesen Operationen kann man aus jeder Relation ρ eine Äquivalenzrelation erzeugen:

(4.7) <u>Definition</u>. Die Relation

$$\hat{\rho} := (\rho \cup \rho^c \cup \iota)^t$$

heißt die von ρ *erzeugte Äquivalenzrelation*.

Wie eben gezeigt wurde, ist $(\rho \cup \rho^c \cup \iota)^t$ transitiv. Da ferner $(\rho \cup \rho^c \cup \iota)^t \supset \rho \cup \rho^c \cup \iota$, ist die erzeugte Relation auch reflexiv und symmetrisch, also ist $(\rho \cup \rho^c \cup \iota)^t$ tatsächlich eine Äquivalenzrelation. Sie ist sogar die kleinste Äquivalenzrelation, die ρ enthält (siehe Übung (4.7)).

Die Möglichkeit, Durchschnitte und Vereinigungen von Relationen zu bilden, wurde schon erwähnt, allerdings bleiben vorgegebene Eigenschaften dabei nicht notwendig erhalten: Z.B. ist die Vereinigung zweier transitiver Relationen im allgemeinen nicht mehr transitiv. Das ist der Grund für den folgenden Satz.

(4.8) <u>Satz</u>. Seien ρ, σ zwei Äquivalenzrelationen, so ist
1. $\rho \cap \sigma$ Äquivalenzrelation
2. $\rho \sqcup \sigma := (\rho \cup \sigma)^t$ die kleinste Äquivalenzrelation, die ρ und σ enthält.

Beweis: 1. Da $(s,s) \in \rho$ und $(s,s) \in \sigma$, gilt $(s,s) \in \rho \cap \sigma$, also ist $\rho \cap \sigma$ reflexiv. Ist $(s,t) \in \rho \cap \sigma$, so gilt $s \rho t$ und $s \sigma t$, folglich $t \rho s$ und $t \sigma s$, also $(t,s) \in \rho \cap \sigma$ und $\rho \cap \sigma$ ist symmetrisch. Seien schließlich $(s,t),(t,r) \in \rho \cap \sigma$ so sind diese Paare in ρ und in σ, infolgedessen ist auch $(s,r) \in \rho$ und $(s,r) \in \sigma$, also $(s,r) \in \rho \cap \sigma$ und $\rho \cap \sigma$ ist transitiv.

2. Da $\rho \supset \iota$ und $\sigma \supset \iota$, gilt $\rho \cup \sigma \supset \iota$. Da ferner $\rho = \rho^c$ und $\sigma = \sigma^c$ (beide sind symmetrisch), erhält man $\rho \cup \sigma = \rho \cup \sigma \cup (\rho \cup \sigma)^c$, d.h. $\rho \cup \sigma$ ist nach Definition (4.7) die von ρ und σ erzeugte Äquivalenzrelation. Nach Definition der transitiven Hülle gilt $\rho \cup \sigma \supset \rho$ und $\rho \cup \sigma \supset \sigma$, d.h. $\rho \cup \sigma$ enthält ρ und σ. Sei nun τ eine Äquivalenzrelation mit $\tau \supset \rho \cup \sigma$. Zu zeigen ist $\tau \supset \rho \cup \sigma$. $(s,t) \in \rho \cup \sigma$ heißt, daß es n-1 Elemente $s_1,\ldots,s_{n-1} \in S$ gibt mit $(s,s_1),(s_1,s_2),\ldots,(s_{n-1},t) \in \rho \cup \sigma$. Wegen $\tau \supset \rho \cup \sigma$ liegen diese auch in τ und, weil τ transitiv ist, erhält man $(s,t) \in \tau$.

Äquivalenzrelationen werden uns in den folgenden Abschnitten immer wieder begegnen, insbesondere treten sie immer bei Untersuchungen von Abbildungen auf. Ist

$$\varphi : S \to U$$

eine Abbildung, so induziert φ in natürlicher Weise eine Äquivalenzrelation auf S gemäß:

(4.9) $\quad s \, \rho \, t \, :\Leftrightarrow \, \varphi(s) = \varphi(t)$.

Die Reflexivität, Symmetrie und Transitivität von ρ folgen unmittelbar aus der Eigenschaft von φ, Abbildung zu sein, sowie daraus, daß "=" selbst eine Äquivalenzrelation ist.

Die Klassen von ρ sind hier gerade die Mengen derjenigen Elemente von S, die unter φ auf ein und dasselbe Element in U abgebildet werden.

Als die *Quotientenmenge von* S *nach* ρ bezeichnet man die Menge
$$S/\rho := \{\rho s \; : \; s \in S\}$$

der Klassen von ρ in S. S/ρ hat also als Elemente die Klassen von ρ. Der folgende Satz bringt diese neuen Begriffe in Zusammenhang.

(4.10) <u>Satz</u>. Sei $\varphi : S \to U$ eine surjektive Abbildung und ρ die von φ in S induzierte Äquivalenzrelation gemäß (4.9). Seien die Abbildungen

$$\natural : S \to S/\rho \quad \text{und} \quad \Phi : S/\rho \to U$$

definiert durch

$$\natural(s) := \rho s \quad \text{und} \quad \Phi(\rho s) := \varphi(s)$$

so gilt: $\natural$ (die *kanonische Abbildung*) ist surjektiv und Φ ist bijektiv, ferner ist das Diagramm

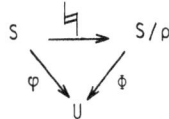

kommutativ, d.h. $\Phi \natural = \varphi$.

Beweis: $\natural$ ist surjektive Abbildung: Ist $s = t$, so ist natürlich $\rho s = \rho t$ und somit $\natural(s) = \natural(t)$, d.h. $\natural$ ist Abbildung. Da S/ρ gerade aus den Klassen von S nach ρ besteht, ist $\natural$ auch surjektiv.

Φ ist bijektive Abbildung: Sei $\rho s = \rho t$, so folgt $t \rho s$ und daher $\varphi(t) = \varphi(s)$. Also $\Phi(\rho s) = \varphi(s) = \varphi(t) = \Phi(\rho t)$, d.h. Φ ist Abbildung. Ist $u \in U$, so gibt es, da φ surjektiv ist, ein $s \in S$ mit $\varphi(s) = u$. Folglich $\Phi(\rho s) = \varphi(s) = u$, d.h. Φ ist ebenfalls surjektiv. Sei nun $\rho s \neq \rho t$, so ist auch $\rho s \cap \rho t = \emptyset$. Infolgedessen muß $\varphi(s) \neq \varphi(t)$, denn sonst wäre $s \rho t$ und damit $t \in \rho s \cap \rho t$! Also ist auch $\Phi(\rho s) \neq \Phi(\rho t)$, d.h. Φ ist bijektiv.

Die letzte Behauptung folgt aus $\Phi|_\rho(s) = \Phi(\rho s) = \varphi(s)$.

Der Satz besagt eigentlich nichts anderes, als daß S/ρ und U als Mengen insofern nicht zu unterscheiden sind, als sie gleichmächtig sind, und daß man anstelle von φ ebensogut $|_\rho$ betrachten kann.

(4.11) <u>Satz</u>. Seien $\varphi_1 : S \to U$, $\varphi_2 : S \to V$ zwei Abbildungen und ρ_1 bzw. ρ_2 die induzierten Äquivalenzrelationen.
1. Gibt es eine Abbildung $\Phi : U \to V$ mit $\Phi\varphi_1 = \varphi_2$, so ist $\rho_1 \subset \rho_2$.
2. Sei $\rho_1 \subset \rho_2$ und φ_1 surjektiv, so gibt es eine Abbildung $\Phi : U \to V$ mit $\Phi\varphi_1 = \varphi_2$, und diese Abbildung ist eindeutig bestimmt. Ist überdies φ_2 surjektiv, so ist auch Φ surjektiv.

Beweis: 1. Sei $s \rho_1 t$, so gilt $\varphi_1(s) = \varphi_1(t)$ und damit $\Phi\varphi_1(s) = \Phi\varphi_1(t)$. Da $\Phi\varphi_1 = \varphi_2$, folgt $\varphi_2(s) = \varphi_2(t)$, also $s \rho_2 t : \rho_1 \subset \rho_2$.

2. Φ sei definiert durch $\Phi(\varphi_1(s)) := \varphi_2(s)$. Φ ist Abbildung: sei $\varphi_1(s) = \varphi_1(t)$, so folgt $s \rho_1 t$ und daraus mit $\rho_1 \subset \rho_2 : \varphi_2(s) = \varphi_2(t)$. Da φ_1 surjektiv ist, ist Φ für jedes $u \in U$ definiert.
Sei ferner $\Phi' : U \to V$ eine weitere Abbildung mit $\Phi'\varphi_1 = \varphi_2$. Da φ_1 surjektiv ist, ist für jedes $u \in U : u = \varphi_1(s)$ für ein $s \in S$. Folglich $\Phi'(u) = \Phi'\varphi_1(s) = \varphi_2(s) = \Phi\varphi_1(s) = \Phi(u)$, weshalb $\Phi = \Phi'$.
Sei nun noch φ_2 surjektiv, so gibt es zu jedem $v \in V$ ein $s \in S$ mit $v = \varphi_2(s)$. Mit $\varphi_1(s) = u$ aber gilt $\Phi(u) = v$, d.h. Φ ist surjektiv.

Sind nun ρ_1, ρ_2 irgendwelche Äquivalenzrelationen und setzt man $U = S/\rho_1$, $V = S/\rho_2$, $\varphi_1 = \natural_1$, $\varphi_2 = \natural_2$, so erhält man als Korollar zum letzten Satz:

(4.12) <u>Satz</u>. Es gibt eine surjektive Abbildung $\Phi: S/\rho_1 \to S/\rho_2$ mit $\Phi\natural_1 = \natural_2$ genau dann, wenn $\rho_1 \subset \rho_2$.

Übungen zu 4.

1. ρ^t ist die kleinste transitive Relation, die ρ enthält.

2. Eine Relation ρ bestimmt eindeutig eine Abbildung von $N(\rho)$ [$V(\rho)$] in S genau dann, wenn card(ρs) = 1 [card($s\rho$) = 1] für jedes $s \in S$.

3. Man zeige, daß $\rho \mapsto \rho^t$ eine Hüllenoperation ist, d.h. die folgenden drei Gesetze erfüllt:

$$\rho \subset \sigma \rightarrow \rho^t \subset \sigma^t \quad \text{Monotonie}$$

$$\rho \subset \rho^t \quad \text{Extensionalität}$$

$$(\rho^t)^t = \rho^t \quad \text{Idempotenz}$$

4. Man bestimme für endliches S die Anzahl aller zweistelligen Relationen und die Anzahl aller Äquivalenzrelationen auf S. (Hinweis: Ist $\pi(k,n)$ die Anzahl aller Äquivalenzrelationen vom Index k in S mit card(S)=n, so genügt $\pi(k,n)$ einer Rekursionsbeziehung).

5. Für die Äquivalenzrelationen ρ, σ beweise man die Abschätzung ind($\rho \cap \sigma$) $\leq$ ind(ρ)·ind(σ).

6. Zeige $\rho^t \cdot \rho^t \subset \rho^t$.

7. Zeige, daß $\hat{\rho} = (\rho \cup \rho^c \cup \iota)^t$ die kleinste Äquivalenzrelation ist, die ρ enthält, d.h. für jede Äquivalenzrelation σ mit $\sigma \supset \rho$ gilt $\sigma \supset \hat{\rho}$.

8. Man zeige $\widehat{(\rho \cup \sigma)} = \hat{\rho} \cup \hat{\sigma}$.

9. Zeige:

$$\rho \subset \sigma \rightarrow \rho \cdot \tau \subset \sigma \cdot \tau \;,\; \tau \cdot \rho \subset \tau \cdot \sigma \;,\; \rho^c \subset \sigma^c \;,\; \hat{\rho} \subset \hat{\sigma}$$

$$(\rho \cdot \sigma)^c = \sigma^c \cdot \rho^c \;,\; (\rho^c)^c = \rho$$

$$\iota \cdot \rho = \rho = \rho \cdot \iota \;,\; \alpha \cdot \rho = \alpha = \rho \cdot \alpha$$

$$(\rho \cap \sigma)^c = \rho^c \cap \sigma^c \;,\; (\rho \cup \sigma)^c = \rho^c \cup \sigma^c$$

Sind ρ, σ symmetrisch, so gelten

$$\rho \circ \sigma = \sigma \circ \rho$$
$$(\rho \circ \sigma)^n = \rho^n \circ \sigma^n$$
$$(\rho \circ \sigma)^t = \rho^t \circ \sigma^t$$

5. Kongruenzrelationen in Halbgruppen

Betrachten wir wieder die in Abschnitt 2 definierten Homomorphismen. Wir werden nunmehr eine enge Beziehung zwischen gewissen Äquivalenzrelationen auf der Menge F , den Kongruenzen, und den möglichen Homomorphismen von F in irgendwelche andere Halbgruppen herstellen, die in dem zu beweisenden Homomorphiesatz zum Ausdruck kommt.
Sei

$$\varphi : F \to H$$

ein Homomorphismus. Als Abbildung induziert φ eine Äquivalenzrelation in F (vgl. (4.9)):

$$f_1 \rho f_2 :\Leftrightarrow \varphi(f_1) = \varphi(f_2)$$

Weil aber überdies φ verträglich mit den Halbgruppenverknüpfungen in F und H ist, muß ρ ebenfalls die Verknüpfung in F in irgendeiner Form berücksichtigen. Ist $\varphi(f_1) = \varphi(f_2)$, so gilt für jedes $g \in F$: $\varphi(g)\varphi(f_1) = \varphi(g)\varphi(f_2)$ und damit $\varphi(gf_1) = \varphi(gf_2)$. Übersetzt in die Sprache von ρ heißt das, daß aus $f_1 \rho f_2$ auch $(gf_1) \rho (gf_2)$ für beliebiges $g \in F$ folgt. Ebenso zeigt man, daß zugleich $(f_1g) \rho (f_2g)$ gilt. Dieser Umstand gibt Anlaß zu

(5.1) <u>Definition</u>. Sei ρ eine Äquivalenzrelation auf der Halbgruppe F . ρ heißt
Linkskongruenz, wenn für beliebige $g, f_1, f_2 \in F$ aus $f_1 \rho f_2$ folgt $(gf_1) \rho (gf_2)$,
Rechtskongruenz, wenn für beliebige $g, f_1, f_2 \in F$ aus $f_1 \rho f_2$ folgt $(f_1g) \rho (f_2g)$, und
Kongruenz, wenn ρ zugleich Links- und Rechtskongruenz ist.

Danach induziert jedes $\varphi \in \text{Hom}(F,H)$ eine Kongruenz in F . Eine Charakterisierung der Kongruenzen durch das Verhalten der Klassen unter der Multiplikation mit Elementen aus F gibt

(5.2) <u>Satz</u>. Sei ρ eine Äquivalenzrelation auf F , dann sind äquivalent
   1. ρ ist Linkskongruenz [Rechtskongruenz]
   2. Für jedes $f \in F$ und $h \in F$ gilt

$$h \cdot (\rho f) \subset \rho(hf) \quad [(\rho f)h \subset \rho(fh)] .$$

Beweis: 1. → 2.: $x \in h(\rho f)$ bedeutet, daß es ein $y \in \rho f$ gibt mit $x = hy$. Da $y \rho f$ und ρ Linkskongruenz ist, hat man $(hy) \rho (hf)$, also $x \in \rho(hf)$.

    2. → 1.: $y \rho f$ heißt $y \in \rho f$. Folglich ist für jedes $h \in F$: $hy \in h \cdot (\rho f)$ und, nach Voraussetzung, $hy \in \rho(hf)$ also $(hy) \rho (hf)$.

Der Satz besagt also, daß jede Klasse einer Linkskongruenz bei der Linksmultiplikation mit einem $h \in F$ in eine — möglicherweise andere — Klasse von ρ abgebildet wird. In Analogie zu Satz (4.8) gilt

(5.3) <u>Satz</u>. Seien ρ, σ Links- oder Rechtskongruenzen oder Kongruenzen, so ist
   1. $\rho \cap \sigma$ Links- bzw. Rechtskongruenz bzw. Kongruenz
   2. $\rho \sqcup \sigma := (\rho \cup \sigma)^t$ die kleinste Links- bzw. Rechtskongruenz bzw. Kongruenz, die ρ und σ enthält.

Zum Beweis sind nur noch die Kongruenzeigenschaften nachzuweisen, was dem Leser überlassen sei.

Ist ρ eine Kongruenz, so kann man die Quotientenmenge F/ρ zu einer Halbgruppe mit der Verknüpfung "∘" machen, wenn man definiert

(5.4) $$\rho f \cdot \rho g := \rho(fg)$$

Zum Nachweis dafür, daß "$\cdot$" eine Verknüpfung ist, haben wir zu zeigen, daß aus $\rho f_1 = \rho f_2$ und $\rho g_1 = \rho g_2$ auch $\rho(f_1 g_1) = \rho(f_2 g_2)$ folgt. $\rho f_1 = \rho f_2$ heißt $f_1 \rho f_2$. Da ρ Rechtskongruenz ist, erhält man

$$(f_1 g_2) \rho (f_2 g_2) .$$

$\rho g_1 = \rho g_2$ bedeutet $g_1 \rho g_2$. Da ρ Linkskongruenz ist, folgt

$$(f_1 g_1) \rho (f_1 g_2) .$$

Die Transitivität bringt sodann $f_1 g_1 \rho f_2 g_2$ oder $\rho(f_1 g_1) = \rho(f_2 g_2)$. Die Assoziativität von "$\cdot$" folgt unmittelbar aus der der Verknüpfung in F.

(5.5) <u>Definition</u>. Sei ρ eine Kongruenz auf der Halbgruppe F. Die Quotientenmenge F/ρ versehen mit der Verknüpfung gemäß (5.4) heißt *Quotientenhalbgruppe von F nach ρ*.

Die Quotientenhalbgruppe F/ρ ist homomorphes Bild von F und zwar vermöge der kanonischen Abbildung

$$\natural : F \to F/\rho$$

denn $\natural(f) \cdot \natural(g) = \rho f \cdot \rho g = \rho(fg) = \natural(fg)$.

Damit können nun die Sätze (4.10), (4.11) und (4.12) auf Halbgruppen übertragen werden:

(5.6) <u>Satz</u>. Sei $\varphi : F \to H$ ein Epimorphismus und ρ die von φ induzierte Kongruenz, so gilt für die Abbildungen

$$\natural : F \to F/\rho \quad \text{und} \quad \Phi : F/\rho \to H$$

mit

$$\natural(f) := \rho f \quad \text{und} \quad \Phi(\rho f) := \varphi(f)$$

$\natural$ ist ein Epimorphismus und Φ ein Isomorphismus auf H, ferner ist das Diagramm

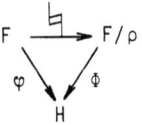

kommutativ: $\quad \Phi\natural = \varphi$.

Zum Beweis ist nur noch die Verträglichkeit von Φ mit den Verknüpfungen nachzuweisen:

$$\Phi(\rho f \circ \rho g) = \Phi(\rho(fg)) = \varphi(fg) = \varphi(f)\varphi(g) = \Phi(\rho f)\Phi(\rho g) .$$

(5.7) <u>Satz</u>. Seien

$$\varphi_1 : F \to H_1 \quad , \quad \varphi_2 : F \to H_2$$

zwei Homomorphismen in die Halbgruppe H_1 bzw. H_2 und ρ_1 bzw. ρ_2 die induzierten Kongruenzen.

1. Gibt es einen Homomorphismus $\Phi : H_1 \to H_2$ mit $\Phi\varphi_1 = \varphi_2$, so ist $\rho_1 \subset \rho_2$.

2. Sei $\rho_1 \subset \rho_2$ und φ_1 surjektiv, so gibt es genau einen Homomorphismus $\Phi : H_1 \to H_2$ mit $\Phi\varphi_1 = \varphi_2$ und dieser Homomorphismus ist eindeutig bestimmt. Ist überdies φ_2 surjektiv, so ist es auch Φ.

Auch hier verbliebe die leicht zu zeigende Verträglichkeitsbedingung für Φ nachzuweisen.

(5.8) <u>Satz</u>. F/ρ_2 ist homomorphes Bild von F/ρ_1 genau dann, wenn $\rho_1 \subset \rho_2$.

Die letzten drei Sätze führen die Untersuchung von Homomorphismen und homomorphen Bilder auf die Untersuchung von Kongruenzen und Quotientenhalbgruppen zurück. Von besonderem praktischen Nutzen ist diese Zurückführung dann, wenn F eine Gruppe ist. Hier kann man nämlich die Kongruenzen aller Typen bereits durch die Untergruppen von F charakterisieren. Eine Charakterisierung von Kongruenzen durch Unterhalbgruppen ist dagegen im allgemeinen nicht möglich.
Sei also F eine Gruppe und ρ eine Linkskongruenz. Mit (5.2) gilt dann

$$f \cdot (\rho 1) \subset \rho f$$

und
$$f^{-1} \cdot (\rho f) \subset \rho 1 .$$

Aus der zweiten Beziehung erhält man durch Multiplikation mit f von links:

$$\rho f \subset f \cdot (\rho 1) ,$$

also
$$\rho f = f \cdot (\rho 1) .$$

Die Klassen von ρ entstehen daher aus der Klasse $\rho 1$ durch Linksmultiplikation mit $f \in F$. Sind nun $f,g \in \rho 1$, so heißt das auch $f \rho g$, und daher gilt $(g^{-1}f)\rho 1$ oder $g^{-1}f \in \rho 1$. Nach Satz (1.10) ist also

$$\rho 1 = U$$

eine Untergruppe von F. Mithin gilt

(5.9) $\qquad f \rho g \Leftrightarrow f \in gU .$

ρ ist damit völlig durch die Untergruppe U charakterisiert, indem die Klassen der Linkskongruenz ρ die Linksnebenklassen der Untergruppe U in F sind.

Umgekehrt kann man (5.9) auch als Definition einer Linkskongruenz ρ ansehen, wenn eine Untergruppe U vorgegeben ist.

Der Index von ρ ist in diesem Fall gleich $[F: U]$, dem Index von U in F .
Wir haben daher eine eindeutige Korrespondenz zwischen den Linkskongruenzen auf einer Gruppe F und den Untergruppen von F hergestellt.

Im Hinblick auf Homomorphismen sind aber die Kongruenzen auf F maßgebend. Da für Kongruenzen nunmehr

$$f \cdot (\rho 1) = \rho f = (\rho 1) \cdot f$$

gilt, erfüllt die Untergruppe U die Bedingung

(5.10) $\qquad fUf^{-1} = U$

für alle $f \in F$. Solche Untergruppen heißen *Normalteiler* von F . Es entsprechen daher die Kongruenzen auf F eindeutig den Normalteilern von F . Man schreibt statt F/ρ in diesem Fall meistens F/U.

Wenn auch im allgemeinen die Linkskongruenzen auf Halbgruppen nicht durch Unterhalbgruppen charakterisierbar sind, so führen doch gewisse Unterhalbgruppen, die Linksideale, auf Linkskongruenzen. Sei L ein Linksideal in F , so ist

(5.11) $\qquad f \rho_L g \; :\!\Leftrightarrow \; f = g \; \lor \; f,g \in L$

eine Linkskongruenz, deren Klassen das Linksideal L und die einelementigen Mengen $\{f\}$ mit $f \in F \backslash L$ sind. Ähnlich führen Rechtsideale auf Rechtskongruenzen und zweiseitige Ideale auf Kongruenzen.

(5.12) <u>Definition</u>. Sei I ein zweiseitiges Ideal in F , so heißt $F/I := F/\rho_I$ versehen mit der Verknüpfung (5.4) die *Rees'sche Quotientenhalbgruppe* nach dem Ideal I .

Zum Schluß dieses Abschnitts wollen wir uns mit der Frage beschäftigen, ob es für eine Linkskongruenz ρ , wenn ρ schon keine Kongruenz auf F ist, nicht wenigstens Unterhalbgruppen von F gibt, in denen ρ als Kongruenz fungiert.

(5.13) <u>Definition</u>. Sei ρ eine Links- [Rechts-] Kongruenz in F . Die Menge

$$\mathfrak{N}(\rho) := \{g \in F : \forall f \in F : (\rho f) \cdot g \subset \rho(fg)\}$$

$$[\mathfrak{N}(\rho) := \{g \in F : \forall f \in F: g \cdot (\rho f) \subset \rho(gf)\}]$$

heißt der *Normalisator* von ρ in F .

Nun ist zwar für eine Teilmenge $T \subset F$ ρ nicht mehr Äquivalenzrelation auf T im Sinne der ursprünglichen Definition, wohl aber die *Einschränkung* $\rho \cap (T \times T)$ von ρ auf T. Etwas ungenau, aber sprachlich einfacher, können wir dennoch von der Äquivalenzrelation ρ auf T reden. In diesem Sinne ist nun $\mathfrak{N}(\rho)$ die größte Teilmenge von F , auf der die Linkskongruenz ρ auch Rechtskongruenz, also Kongruenz schlechthin ist.

(5.14) <u>Satz</u>. $\mathfrak{N}(\rho)$ ist Unterhalbgruppe von F .

Beweis: Seien $g_1, g_2 \in \mathfrak{N}(\rho)$ beliebig. Daher gilt für jedes $f \in F$: $(\rho f) \cdot g_1 \subset \rho(fg_1)$. Wegen $g_2 \in \mathfrak{N}(\rho)$ folgt daraus $(\rho f) \cdot g_1 g_2 \subset [\rho(fg_1)] \cdot g \subset \rho(fg_1 g_2)$, weshalb auch $g_1 g_2 \in \mathfrak{N}(\rho)$. Also ist $\mathfrak{N}(\rho)$ Unterhalbgruppe.

Betrachten wir noch den Fall, daß F eine Gruppe ist. Wieder bezeichne $U = \rho 1$. Ist $g \in \mathfrak{N}(\rho)$, so gilt insbesondere $(\rho 1) \cdot g \subset \rho g = g \cdot (\rho 1)$, d.h. $Ug \subset gU$. Ist umgekehrt $(\rho 1) \cdot g \subset \rho g$, so erhält man durch Linksmultiplikation mit

$f \in F$, da ρ Linkskongruenz ist, $f \cdot (\rho 1) \cdot g \subset f(\rho g) = \rho(fg)$, oder $(\rho f)g \subset \rho(fg)$. Also ist wieder $g \in \mathfrak{N}(\rho)$. Es gilt also hier

(5.15) $\mathfrak{N}(\rho) = \{f \in F : f^{-1} U f \subset U\}$

Der Normalisator $\mathfrak{N}(\rho)$ einer Linkskongruenz auf einer Gruppe F ist wohl zu unterscheiden von dem *Normalisator der Untergruppe* U , der durch

(5.16) $\mathfrak{N}(U) := \{f \in F : f^{-1} U f = U\}$

definiert ist. Da mit $f^{-1} U f = U$ auch $U = f U f^{-1}$ gilt, ist $\mathfrak{N}(U)$ Unter*gruppe* von F , wogegen $\mathfrak{N}(\rho)$ im allgemeinen nur Unter*halbgruppe* der Gruppe F ist. Überdies zeigt (5.10), daß U ein Normalteiler in $\mathfrak{N}(U)$ ist.

Für den Abschnitt 10 brauchen wir in diesem Zusammenhang noch

(5.17) <u>Satz</u>. Sei F eine Gruppe, ρ eine Linkskongruenz in F und $U = \rho 1$. Dann gilt

1. $n \in \mathfrak{N}(U)$ (genau dann), wenn $n, n^{-1} \in \mathfrak{N}(\rho)$

2. $\mathfrak{N}(\rho)$ ist eine Vereinigung von Klassen nach ρ , d.h. es gilt für alle $f \in F$ die Implikation

$$fU \cap \mathfrak{N}(\rho) \neq \emptyset \rightarrow fU \subset \mathfrak{N}(\rho) .$$

3. $\mathfrak{N}(\rho) \setminus \mathfrak{N}(U)$ ist ein zweiseitiges Ideal in der Halbgruppe $\mathfrak{N}(\rho)$.

Beweis: 1. Ist $n \in \mathfrak{N}(U)$, so auch $n^{-1} \in \mathfrak{N}(U)$, da es Gruppe ist. Wegen $\mathfrak{N}(U) \subset \mathfrak{N}(\rho)$ gilt somit $n, n^{-1} \in \mathfrak{N}(\rho)$. Ist umgekehrt $n, n^{-1} \in \mathfrak{N}(\rho)$, so gilt $n^{-1} U n \subset U$, $n U n^{-1} \subset U$ und folglich $n^{-1} U n = = U$: $n \in \mathfrak{N}(U)$.

   2. Sei $g \in fU \cap \mathfrak{N}(\rho)$, so können wir o.B.d.A. $g = f$ annehmen, da aus $g \in fU$ auch $fU = gU$ folgt. Somit gilt $f \in \mathfrak{N}(\rho)$, d.h. $f^{-1} U f \subset U$. Mul-

tiplikation mit u^{-1} von links und mit u von rechts liefert $(fu)^{-1}U(fu) \subset U$, d.h. $fu \in \mathfrak{N}(\rho)$, was für alle $u \in U$ gilt: $fU \subset \mathfrak{N}(\rho)$.

    3. Sei $n \in \mathfrak{N}(\rho)\setminus\mathfrak{N}(U)$ und $m \in \mathfrak{N}(\rho)$, so ist $mn \in \mathfrak{N}(\rho)\setminus\mathfrak{N}(U)$ zu zeigen. Gesetzt es wäre $nm \in \mathfrak{N}(U)$, d.h. $m^{-1}n^{-1}Unm = U$, so erhielte man $n^{-1}Un = mUm^{-1}$. Da $m \in \mathfrak{N}(\rho)$, gilt $m^{-1}Um \subset U$ bzw. $U \subset mUm^{-1}$, womit $n^{-1}Un \supset U$. Andererseits ist aber $n \in \mathfrak{N}(\rho)$, also $n^{-1}Un \subset U$, womit $n^{-1}Un = U$ und $n \in \mathfrak{N}(U)$ folgte: $n \notin \mathfrak{N}(\rho)\setminus\mathfrak{N}(U)$.
Die Aussage $mn \in \mathfrak{N}(\rho)\setminus\mathfrak{N}(U)$ zeigt man völlig analog.

Wegen Satz (1.10) fallen in endlichen Gruppen $\mathfrak{N}(\rho)$ und $\mathfrak{N}(U)$ stets zusammen, es gibt auch eine ganze Reihe nichtendlicher Gruppen in denen $\mathfrak{N}(\rho) = \mathfrak{N}(U)$ gilt, es gibt aber auch Fälle, in denen $\mathfrak{N}(\rho) \neq \mathfrak{N}(U)$ ist (Übungen (5.3) bis (5.5)).

Übungen zu 5.

1. Bestimme alle Kongruenzen in der additiven Halbgruppe der natürlichen Zahlen.

2. Es erfülle F die Minimalbedingung für Links- und Rechtsideale (vgl. Satz (3.10)) und es sei L_1 ein minimales Linksideal von F, so gilt nach (3.14):
$L_1 = EG_{i_0,1}$ mit $E := \{e_{i,1} : i \in P\}$ und $i_0 \in E$.
Ist $U \subset G_{i_0,1}$ eine Untergruppe, sowie $\{\sigma_g : g \in G_{i_0,1}\}$ eine Familie von Äquivalenzrelationen auf E mit der Eigenschaft, daß für alle $h,g \in G_{i_0,1}$ gilt
$h \in gU \rightarrow \sigma_g = \sigma_h$, so ist durch $(e_{i,1}g) \rho (e_{k,1}h) :\Leftrightarrow$
$h \in gU \wedge e_{i,1} \sigma_g e_{k,1}$ eine Linkskongruenz ρ auf der Halbgruppe L_1 definiert, und jede Linkskongruenz auf L_1 wird so erhalten.

3. Sei ρ eine Linkskongruenz in der Gruppe F und $U = \rho 1$. Unter jeder der folgenden Voraussetzungen gilt $\mathfrak{A}(\rho) = \mathfrak{A}(U)$:

   a) F erfüllt die Minimalbedingung für Untergruppen
   b) F erfüllt die Maximalbedingung für Untergruppen
   c) F ist abelsch
   d) U ist endlich
   e) U liegt im Zentrum $\mathfrak{Z}(F)$ von F
       ($\mathfrak{Z}(F) := \{z \in F : \forall f \in F : zf = fz\}$)

4. Ist $F = O_2$, die zweidimensionale orthogonale Gruppe, so gilt stets $\mathfrak{A}(\rho) = \mathfrak{A}(U)$.

5. Sei $F = \mathfrak{F}(a,b)$ die freie Gruppe über a,b (d.h. $F = W(\{a,a^{-1},b,b^{-1}\})^1$ mit der zusätzlichen Regel $uu^{-1} = 1 = u^{-1}u$). Für die von allen Worten $a^{-p}babа^p$ ($p = 0,1,\ldots$) erzeugte Untergruppe H ist die Inklusion $a^{-1}Ha \subset H$ echt.

II. Kapitel:

Halbgruppen und Semimoduln

6. Semimoduln

Häufig ist es so, daß Halbgruppen als Mengen von Abbildungen $\varphi : S \to S$ einer Menge S in sich auftreten. Die Halbgruppenverknüpfung ist dann die Komposition der Abbildungen, d.h. man definiert ein "Produkt" $\varphi_1 \circ \varphi_2$ der Abbildungen φ_1 und φ_2 dadurch, daß man die neue Abbildung $\varphi_1 \circ \varphi_2$ durch

$$\varphi_1 \circ \varphi_2(s) := \varphi_1(\varphi_2(s))$$

erklärt.
Geht man nun umgekehrt davon aus, daß die Halbgruppe mit der Verknüpfung "$\circ$" schon vorliegt und nimmt man die obige Beziehung axiomatisch hin, so gelangt man zu

(6.1) <u>Definition</u>. Sei F eine Halbgruppe und S eine nichtleere Menge. S heißt F-*Links-Semimodul*, wenn gilt:

   1. es gibt eine Abbildung $\Phi : F \times S \to S$, die üblicherweise in der Form

$$fs := \Phi(f,s)$$

geschrieben wird, und für die

2. die *Semimodulbedingung*

$$(fg)s = f(gs) \qquad (f,g \in F, s \in S)$$

gilt (d.h. aber $\Phi(fg,s) = \Phi(f,\Phi(g,s))$) .

Entsprechend wird man S als F-*Rechts-Semimodul* bezeichnen, wenn eine Abbildung $(s,f) \mapsto sf \in S$ der Bedingung

$$s(fg) = (sf)g$$

genügt.
Der Kürze halber, und weil wir es fast ausschließlich mit F-Links-Semimoduln zu tun haben werden, soll zukünftig unter einem F-*Semimodul* ein F-Links-Semimodul verstanden werden. Um zum Ausdruck zu bringen, daß eine Menge S ein F-Semimodul ist, schreiben wir

$$_F S \ .$$

Analog werden wir für einen F-Rechts-Semimodul

$$S_F$$

schreiben.
Wenn auch die einführenden Bemerkungen schon aufweisen, wie allgemein der Begriff des Semimoduls ist, so mögen trotzdem einige Beispiele seine vielfältige Verwendbarkeit beleuchten.

Jeder Vektorraum V mit einem Operatorenring R ist zugleich ein Semimodul, wobei V die Menge S ist, und sowohl die multiplikative Halbgruppe von R wie die additive Gruppe von R als Halbgruppe F dienen kann.

Betrachtet man die Menge S der Punkte, Geraden und Ebenen in der Geometrie, so ist S ein F-Semimodul unter der Gruppe der Automorphismen der Geometrie (vgl. auch Übung (7.14)).

Oder ist S der Phasenraum der klassischen Physik, so ist
S ein F-Semimodul unter der Gruppe, die durch Integration
der Hamilton'schen Gleichungen entsteht.

Für unsere Betrachtungen näherliegende Beispiele liefern
die Halbgruppen selbst.
Sei L ein Linksideal von F , so wird L durch $(f,l) \mapsto fl$
zu einem F-Semimodul $_FL$, da ja

$$(fg)l = f(gl)$$

ohnehin wegen des in F geltenden Assoziativgesetzes zutrifft. Insbesondere ist also F selbst ein F-Semimodul. In
ähnlicher Weise sind Rechtsideale F-Rechts-Semimoduln. Aber
nicht nur Linksideale in F verhelfen uns zu F-Semimoduln,
sondern auch Linkskongruenzen.

Die Klassen einer Linkskongruenz auf F , d.h. die Elemente der Quotientenmenge F/ρ sind mit der Linksmultiplikation mit Elementen aus F in dem Sinne verträglich, daß
Klassen dabei in Klassen abgebildet werden (vgl.Satz(5.2)).

Definiert man also $\Phi : F \times F/\rho \to F/\rho$ durch

$$\Phi(f,\rho g) := \rho(fg),$$

so ist Φ sicher eine Abbildung, denn aus $f_1 = f_2$ und
$\rho g_1 = \rho g_2$ folgt $\rho(f_1 g_1) = \rho(f_2 \rho_2)$.

Schreiben wir ferner statt $\Phi(f,\rho g)$

$$f \cdot \rho g := \rho(fg) ,$$

so ist $(hf) \cdot \rho g = \rho(hfg) = h \cdot (f \cdot \rho g)$, d.h. die Semimodulbedingung ist auch erfüllt.

Für jede Linkskongruenz ρ auf F ist also F/ρ in dem
dargelegten Sinne ein S-Semimodul

$$_F(F/\rho) .$$

(6.2) <u>Definition</u>. Sei $T \subset S$ eine nichtleere Teilmenge des F-Semimodul $_FS$. T heißt F-*Untersemimodul*, wenn gilt $FT \subset T$, wobei $FT = \{ft : f \in F, t \in T\}$ ist.

Für F-Untersemimoduln gilt nun analog (3.3)
(6.3) <u>Satz</u>. Sei $\{T_i : i \in I\}$ eine Familie von F-Untersemimoduln von $_FS$, so ist auch

$$\bigcup_{i \in I} T_i$$

ein Untersemimodul, und ebenso

$$\bigcap_{i \in I} T_i ,$$

sofern dieser Durchschnitt nicht leer ist.

Für jedes $s \in S$ ist die Menge Fs ein F-Untersemimodul, denn für $t \in Fs$ und $g \in F$ gilt $gt = g(fs) = (gf)s$. Da $gf \in F$, ist $gt \in Fs$. Ebenso ist für jede Teilmenge $T \subset S$ auch FT ein F-Untersemimodul. Allgemein ist für beliebige Teilmengen $T \subset S$ und beliebige Linksideale $L \subset F$

$$_F(LT)$$

ein F-Untersemimodul. Denn sei $s \in LT$, so ist $s = lt$ mit $l \in L$ und $t \in T$. Für $f \in F$ ist $fl \in L$ und folglich $fs = flt \in LT$.
Man beachte jedoch, daß nicht notwendig $s \in Fs$ ist.

(6.4) <u>Definition</u>. Eine Teilmenge $E \subset S$ heißt *Erzeugendensystem* von $_FS$, wenn $FE \cup E = S$ gilt.
Ist E endlich, so heißt $_FS$ *endlich erzeugt* und ist $E = \{s\}$, so heißt $_FS$ *zyklisch*.

Analog Definition (3.5) setzen wir
(6.5) <u>Definition</u>. Ein F-Untersemimodul $_FT \subset _FS$ heißt *irre-*

duzibel (oder *minimal*), wenn für jeden F-Untersemimodul M gilt: aus M ⊂ T folgt M = T .

Völlig analog zu Satz (3.6) und ebenso zu beweisen ist daher
(6.6) <u>Satz</u>. Für einen F-Untersemimodul $_FT \subset {_FS}$ sind die folgenden Aussagen äquivalent:

a) $_FT$ ist irreduzibel

b) für jedes t ∈ T gilt Ft = T

c) Zu je zwei $t_1, t_2 \in T$ gibt es ein f ∈ F mit $ft_1 = t_2$.

Wegen Bedingung c) des Satzes, die ja garantiert, daß man von jedem t_1 zu jedem t_2 vermöge eines f ∈ F "kommen" kann, werden irreduzible F-Semimoduln auch häufig *streng zusammenhängend* genannt.

Die Abbildungshalbgruppen, die zu Beginn dieses Abschnitts die Definition der F-Semimoduln motivierten, haben noch eine Eigenschaft, welche die F-Semimoduln im allgemeinen nicht haben: ist $\varphi_1(s) = \varphi_2(s)$ für jedes s ∈ S , so sind φ_1 und φ_2 als Elemente der Abbildungshalbgruppen gleich, dagegen folgt aus $f_1 s = f_2 s$ für alle s ∈ S noch keineswegs $f_1 = f_2$.

(6.7) <u>Definition</u>. Der F-Semimodul $_FS$ heißt *treu (für F)*, wenn für je zwei $f_1, f_2 \in F$ gilt: aus $f_1 s = f_2 s$ für jedes s ∈ S folgt $f_1 = f_2$.

Die Teilmenge FS eines F-Semimoduls ist ein F-Untersemimodul, denn mit fs ∈ FS ist für jedes g auch g(fs) = = (gf)s ∈ FS . Enthalte nun F eine Linkseines e_1 (oder ein Einselement 1), so gilt $e_1(fs) = (e_1 f)s = fs$, d.h. e_1 wirkt als Identität auf FS . Gleichwohl müssen weder e_1 noch ein vorhandenes Einselement auf S selbst als Identität wirken.

(6.8) **Definition**. F enthalte ein Einselement 1 . $_F S$ heißt
unital, wenn 1s = s für jedes s ∈ S gilt.

Da FS ⊂ S ein F-Untersemimodul ist, gilt für irreduzible
$_F S$ natürlich FS = S . Daher sind irreduzible F-Semimoduln
stets auch unital.

Nach diesen einleitenden Definitionen soll uns der abschlie-
ßende Satz ein Hilfsmittel zur Hand geben, nach welchem jede Menge S in weitgehend beliebiger Weise zu einem F-Semimodul gemacht werden kann, vorausgesetzt, daß F frei ist.

(6.9) **Satz**. Ist F = W(X) , S eine nichtleere Menge und

$$\Phi_0 : X \times S \to S$$

eine beliebige Abbildung, so gibt es genau eine Abbildung Φ : F × S → S , welche die Semimodulbedingung
erfüllt und für die $\Phi|X \times S = \Phi_0$ ist, nämlich die
Abbildung, die durch

$$xs := \Phi_0(x,s)$$
$$(x \in X , u \in F , s \in S)$$
$$(xu)s := x(us)$$

definiert ist.

Beweis: A. Eindeutigkeit von Φ . Sei Φ' eine zweite Abbildung, welche die Semimodulbedingung erfüllt
und für die $\Phi'|X \times S = \Phi_0$ gilt, so ist $\Phi'(u,s) =$
$= \Phi(u,s)$ für alle u ∈ F und s ∈ S zu zeigen. Für
u ∈ X folgt die Behauptung unmittelbar, und sie gel-
te nun für alle u ∈ F mit $|u| \leq n$.
Wegen der Semimodulbedingung ist aber $\Phi'(xu,s) =$
$= \Phi_0(x,\Phi'(u,s))$ und $\Phi(xu,s) = \Phi_0(x,\Phi(u,s))$, also
ist auch $\Phi'(xu,s) = \Phi(xu,s)$.

B. Existenz von Φ . Um zu zeigen, daß die
Zuordnung (u,s) ↦ us eine Funktion ist, wird die

Freiheit von F in der Form benötigt, daß man von
$x_1 u_1 = x_2 u_2$ auf $x_1 = x_2$ und $u_1 = u_2$ schließen
kann. Zu zeigen ist, daß stets aus $u_1 = u_2$, $s_1 = s_2$
auch $u_1 s_1 = u_2 s_2$ folgt.
Ist $u_1 \in X$, so auch u_2 , und $u_1 s_1 = u_2 s_2$ folgt
daraus, daß Φ_0 Abbildung ist.
Die Behauptung gelte nun für alle $u_1, u_2 \in F$ mit
$|u_1|$, $|u_2| \leq n$. Ist jetzt $x_1 u_1 = x_2 u_2$, so erhält
man mit der Freiheit von F : $x_1 = x_2$ und $u_1 = u_2$.
Also gilt mit $s_1 = s_2$ nach Induktionsvoraussetzung
$u_1 s_1 = u_2 s_2$. Da nun nach Definition $(x_1 u_1) s_1 =$
$= x_1(u_1 s_1) = \Phi_0(x_1, u_1 s)$ und $(x_2 u_2) s_2 = \Phi_0(x_2, u_2 s_2)$
ist, erhält man mit $u_1 s_1 = u_2 s_2$ und $x_1 = x_2$ auch
$(x_1 u_1) s_1 = (x_2 u_2) s_2$.

Nun verbleibt die Semimodulbedingung zu zeigen, d.h.
$(uw)s = u(ws)$ für alle $u, w \in F$ und $s \in S$.
Für $u \in X$ gilt dies unmittelbar aufgrund der Definition, und die Behauptung gelte nun für alle u mit
$|u| = n$. Dann ist, weil $(u,s) \mapsto us$ eine Funktion
ist, $x[(uw)s] = x[u(ws)]$. Nun ist nach Definition
$x[(uw)s] = (xuw)s$ und $x[u(ws)] = (xu)(ws)$, also
gilt auch $((xu)w)s = (xu)(ws)$ für jedes $w \in F$.

Übungen zu 6.

1. Ist $1 \in F$, so ist $_F(F/\rho)$ für jede Linkskongruenz zyklisch.

2. Ist F eine Gruppe, so ist Fs irreduzibel für jedes $s \in {}_F S$.

3. Ist $L \subset F$ ein Linksideal, so gilt: $_F L$ ist irreduzibel genau dann, wenn L ein minimales Linksideal ist.

4. Sei $E \subset F$ ein Erzeugendensystem der Halbgruppe F und S eine nichtleere Menge. Gilt für zwei Semimoduloperationen $\Phi_1 : F \times S \to S$ und $\Phi_2 : F \times S \to S$, daß $\Phi_1 | E \times S = \Phi_2 | E \times S$, so ist $\Phi_1 = \Phi_2$.

5. Gibt es eine Rechtseins in der Halbgruppe F, so ist der Semimodul $_F F$ endlich erzeugbar.
   Ist die Halbgruppe F endlich erzeugbar, so ist auch der Semimodul $_F F$ endlich erzeugbar.

7. Homomorphismen von Semimoduln

Homomorphismen sind auch hier wieder, wie in Abschnitt 2, Abbildungen, die mit der betrachteten algebraischen Struktur verträglich sind. Ebenso wie in Abschnitt 5 werden gleichlaufend mit den Homomorphismen gewisse Äquivalenzrelationen auf der Menge S betrachtet, und es werden den Sätzen (5.6), (5.7) und (5.8) analoge Sätze zu formulieren sein: die Methode bleibt gleich, nur der Inhalt ändert sich.

(7.1) <u>Definition</u>. Seien $_F S$ und $_F T$ zwei F-Semimoduln. Eine Abbildung

$$\varphi : S \to T$$

heißt ein *Homomorphismus* (von $_F S$ in $_F T$), wenn gilt

$$\varphi(fs) = f\varphi(s) \qquad (f \in F, s \in S) .$$

Spezielle Homomorphismen:
Ist $S = T$, so heißt φ *Endomorphismus*
Ist $S = T$ und φ bijektiv, so heißt φ *Automorphismus*.
Ist φ surjektiv, so heißt φ *Epimorphismus* und $_F T$ ein *homomorphes Bild* von $_F S$.
Ist φ injektiv, so heißt φ *Monomorphismus*.
Ist φ bijektiv, so heißt φ *Isomorphismus* und $_F S$ und $_F T$ sind *isomorph* ($_F S \simeq {_F T}$).
$\text{Hom}_F(_F S, _F T)$ bezeichnet die Menge aller Homomorphismen $\varphi : {_F S} \to {_F T}$.

Die Verträglichkeitsbedingung in Definition (7.1) hat zur Folge, daß, wenn immer $\varphi(s) = \varphi(t)$ ist, auch $\varphi(fs) = \varphi(ft)$ gilt. Die durch φ in S induzierte Äquivalenzrelation hat daher die gleiche Zusatzeigenschaft, wie eine Linkskongruenz auf der Halbgruppe F (Definition (5.1)).

(7.2) <u>Definition</u>. Eine Äquivalenzrelation ρ auf dem F-Semimodul $_F S$ heißt *Kongruenz*, wenn für alle $s, t \in S$

und $f \in F$ aus $s \rho t$ auch $(fs) \rho (ft)$ folgt.

Aufgrund der Ähnlichkeit von Kongruenzen in F-Semimoduln und Linkskongruenzen auf Halbgruppen können eine Reihe von Definitionen und Sätzen aus Abschnitt 5 einfach übernommen werden.

Entsprechend (5.2) ist eine Äquivalenzrelation ρ auf $_FS$ genau dann Kongruenz, wenn

$$f(\rho s) \subset \rho(fs)$$

für alle $f \in F$ und $s \in S$ gilt.
Sind ρ und σ Kongruenzen auf $_FS$, so ist es auch $\rho \cap \sigma$ und ebenso $\rho \cup \sigma := (\rho \cup \sigma)^t$.

Der *Quotienten-Semimodul* von $_FS$ nach einer Kongruenz ρ ist die Menge S/ρ, versehen mit der Operation

$$f \cdot \rho s := \rho(fs) .$$

Die Übertragung der Sätze (5.6), (5.7) und (5.8) auf den vorliegenden Fall bereitet nun keine Schwierigkeiten und sei dem Leser überlassen.

Die Menge $\text{Hom}_F(_FS,_FS)$ der Endomorphismen wird in den folgenden Überlegungen dieses Kapitels eine wesentliche Rolle spielen. Insbesondere wird sich zeigen, daß die Automorphismen in enger Beziehung zu den Kongruenzrelationen (Abschnitt 11) stehen, ferner können sie (vgl. Abschnitt 13) als Symmetrieoperationen auf $_FS$ interpretiert werden. Aus Gründen der Übersichtlichkeit werden wir in Zukunft die Elemente von $\text{Hom}_F(S,S)$ r e c h t s von den Elementen von S und ohne Funktionsklammern schreiben: $s\varepsilon$ ist also das Bild von s unter $\varepsilon \in \text{Hom}_F(S,S)$. Die Homomorphieeigenschaft verlangt daher

$$f(s\varepsilon) = (fs)\varepsilon .$$

Da $f(s(\varepsilon\delta)) = f((s\varepsilon)\delta) = (f(s\varepsilon))\delta = ((fs)\varepsilon)\delta = (fs)(\varepsilon\delta)$, ist die Komposition $\varepsilon\delta$ zweier Elemente $\varepsilon,\delta \in \text{Hom}_F(S,S)$

wieder ein Endomorphismus. $\text{Hom}_F(S,S)$ ist also eine Halbgruppe unter der Funktionskomposition und S ist damit auch ein $\text{Hom}_F(S,S)$-Rechts-Semimodul. Jedoch stehen die beiden Semimodul-Operationen, F von links und $\text{Hom}_F(S,S)$ von rechts, infolge der Homomorphiebedingung nicht beziehungslos nebeneinander.

(7.3) <u>Definition</u>. Seien F und H Halbgruppen und S zugleich ein F-Links-Semimodul und ein H-Rechts-Semimodul. S heißt (F,H)-*Bisemimodul*, $_FS_H$, wenn gilt

$$(fs)h = f(sh)$$

für alle $s \in S$, $f \in F$ und $h \in H$.

Jeder F-Semimodul $_FS$ ist also zugleich ein $(F,\text{Hom}_F(S,S))$-Bisemimodul. Aber es gibt noch weitere Bisemimoduln.

Die zweiseitigen Ideale $I \subset F$ sind (F,F)-Bisemimoduln, da aufgrund der Assoziativität der Verknüpfung in F für alle $f,g \in F$ und $i \in I$ $(fi)g = f(ig)$ gilt. Ebenso vermitteln die Kongruenzen in F Bisemimoduln, da F/ρ sowohl F-Links- wie F-Rechts-Semimodul ist und überdies $(f \circ \rho g) \circ h = f \circ (\rho g \circ h)$ gilt. Die durch $h_r: s \mapsto sh$ gegebene Abbildung (S_H ist ja für H nicht notwendig treu) ist aufgrund der Bisemimodul-Eigenschaft ein Element von $\text{Hom}_F(_FS,_FS)$, d.h. ist $_FS_H$ ein (F,H)-Bisemimodul und bezeichne H_r die Halbgruppe der durch die Elemente von H in S induzierten Abbildungen h_r, so ist $H_r \subset \text{Hom}_F(_FS,_FS)$, und analog gilt $F_l \subset \text{Hom}_H(S_H,S_H)$.

Sei nun $_FS$ ein irreduzibler F-Semimodul und $\varepsilon \in \text{Hom}_F(_FS,_FS)$, so ist die Teilmenge $S\varepsilon \subset S$ ein F-Untersemimodul, denn für $t \in S\varepsilon$ gilt $t = s\varepsilon$ und mit $f \in F$ erhält man $ft = f(s\varepsilon) = (fs)\varepsilon$, da $fs \in S$. Die Irreduzibilität erzwingt sodann $S\varepsilon = S$, d.h. ε ist surjektiv, und wir haben

(7.4) **Satz**. Sei $_FS$ irreduzibel, so ist jedes
$\varepsilon \in \text{Hom}_F(_FS,_FS)$ ein surjektiver Endomorphismus.

Ist überdies S endlich, so ist jede Surjektion $\varepsilon : S \to S$
auch noch umkehrbar, d.h. es gilt

(7.5) **Satz**. Sei $_FS$ irreduzibel und S endlich, so ist
$\text{Hom}_F(_FS,_FS)$ eine Gruppe.

Bezeichnen wir mit

$$A(_FS)$$

die Automorphismengruppe von $_FS$, d.h. die Gruppe aller
Automorphismen von $_FS$, so ist für endliche irreduzible S
nach Satz (7.5)

$$A(_FS) = \text{Hom}_F(_FS,_FS) \, .$$

Nach dieser kurzen Untersuchung der Endomorphismen, die uns
in den Abschnitten 9, 10 und 11 noch eingehender beschäftigen werden, seien vor der Diskussion der freien F-Semimoduln
noch einige weitere, eng mit dem Homomorphiebegriff verwandte Begriffe eingeführt.

Sind $_FS$ und $_FT$ F-Semimoduln, so kann man das kartesische
Produkt $S \times T$ in natürlicher Weise zu einem F-Semimodul
machen, indem man

$$f \cdot (s,t) := (fs, ft)$$

setzt.

(7.6) **Definition**. Sei $\{S_i : i = 1 \ldots n\}$ eine endliche Familie von F-Semimoduln $_FS_i$. Das *direkte Produkt* $\underset{i=1}{\overset{n}{\times}} S_i$
ist der F-Semimodul, dessen zugrunde liegende Menge
$S_1 \times S_2 \times \ldots \times S_n$ ist, mit der Operation

$$f(s_1, s_2, \ldots, s_n) := (fs_1, fs_2, \ldots, fs_n) \qquad (s_i \in S_i) \ .$$

Das direkte Produkt hat in Bezug auf die Homomorphismen universellen Charakter, wie Übung (7.1) zeigt.

Sind $_FU$, $_FV$ F-Untersemimoduln von $_FS$, so ist es auch, wie in (6.3) gezeigt, die Menge $U \cup V$. Bei beliebigen F-Semimoduln $_FU$, $_FV$, die insbesondere nicht Untersemimoduln ein und desselben Semimoduls sind, ist dagegen $U \cup V$ nicht mehr ohne weiteres ein F-Semimodul, da für $t \in U \cap V$ die Operation $t \mapsto ft$ nicht eindeutig bestimmt ist. Dieser störende Umstand wird vermieden, wenn man $U \cap V = \emptyset$ fordert, was schlimmstenfalls dadurch erzwungen werden kann, daß man an Stelle von V einen isomorphen F-Semimodul $_FV'$ heranzieht, der mit U keine Elemente gemeinsam hat, und nun $U \cup V'$ bildet (vgl. Übung (7.2)).

(7.7) <u>Definition</u>. Sei $\{S_i : i \in I\}$ eine beliebige Familie von F-Semimoduln $_FS$.

1. Sind die S_i paarweise disjunkt, so ist die *direkte Summe*

$$\bigoplus_{i \in I} S_i$$

derjenige F-Semimodul, dessen zugrundeliegende Menge

$$\bigcup_{i \in I} S_i$$

ist, versehen mit der Operation

$$f \times s := fs \qquad \text{falls} \quad s \in S_i \ .$$

2. Sind die S_i n i c h t paarweise disjunkt, so gibt es stets paarweise disjunkte Semimoduln $_FS_i'$ derart, daß $_FS_i \simeq {}_FS_i'$ für alle $i \in I$ gilt. In diesem Fall soll

$$\bigoplus_{i \in I} S_i := \bigoplus_{i \in I} S_i'$$

sein.

Im allgemeinen ist also die direkte Summe nur bis auf Isomorphie bestimmt, sie hat jedoch ebenfalls bezüglich der Homomorphismen universellen Charakter (siehe Übung (7.3)).

Gibt es nichtleere Untersemimoduln $_FU, _FV \subset \,_FS$ mit der Eigenschaft
$$U \cap V = \emptyset \quad \text{und} \quad U \cup V = S \;,$$
so ist offensichtlich $S = U \oplus V$, eine *direkte Zerlegung* von $_FS$. S heißt *direkt unzerlegbar*, wenn es keine direkte Zerlegung von S gibt. Die feinstmögliche direkte Zerlegung ist diejenige, bei welcher alle direkten Summanden $_FU$ direkt unzerlegbar sind. Daß eine solche Zerlegung in jedem Fall existiert, werden wir jetzt zeigen.

Ist
$$S = \bigoplus_{i \in I} U_i$$
irgendeine direkte Zerlegung, so ist sie auch eine Partition der Menge S und deshalb entspricht ihr eine Äquivalenzrelation ζ auf S:

$$s \zeta t \;:\Leftrightarrow\; \exists i \in I : s, t \in U_i \;.$$

Die symmetrische Relation τ_0:

$$s \tau_0 t \;:\Leftrightarrow\; \exists f \in F : fs = t \lor s = ft$$

erfaßt alle Paare s, t, die vermöge irgendeines $f \in F$ verbunden sind. Charakteristisch für τ_0 ist die Tatsache, daß $s\tau_0(fs)$ oder $(fs)\tau_0 s$ für alle $s \in S$ und $f \in F$ ist. Nun gilt

$$\tau_0 \subset \zeta$$

für jede mit einer direkten Zerlegung zugeordneten Äquivalenzrelation ζ, denn s und fs können sicher nicht in disjunkten Untersemimoduln liegen. Habe nun umgekehrt eine Äquivalenzrelation σ auf S die Eigenschaft $\tau_0 \subset \sigma$, so sind ihre Klassen σs auch F-Untersemimoduln, weil für $t \in \sigma s$ zugleich $t \tau_0 ft$, also $t \sigma ft$ und folglich $ft \in \sigma s$ gilt. Also hat man die direkte Zerlegung

$$S = \bigoplus_{s \in S} \sigma s \;.$$

Da die von τ_0 erzeugte Äquivalenzrelation $\hat{\tau}_0$ die kleinste ist, die τ_0 enthält, ist

$$S = \bigoplus_{s \in S} \hat{\tau}_0 s$$

eine direkte Zerlegung in direkt unzerlegbare Summanden $\hat{\tau}_0 s$. Die Eindeutigkeit von $\hat{\tau}_0$ bringt die Eindeutigkeit dieser Zerlegung und wir haben

(7.8) <u>Satz</u>. Zu jedem F-Semimodul $_F S$ gibt es eine direkte Zerlegung in direkt unzerlegbare Untersemimoduln von $_F S$. Diese Zerlegung ist eindeutig bestimmt.

Ebenso wie in Abschnitt 2 gibt der neue Homomorphiebegriff Anlaß zur Definition freier F-Semimoduln.

(7.9) <u>Definition</u>. Eine Teilmenge $E \subset S$ des F-Semimoduls $_F S$ heißt *freies Erzeugendensystem*, wenn gilt
   1. $FE \cup E = S$
   2. Zu jedem F-Semimodul $_F T$ und jeder Abbildung $\varphi_0 : E \to T$ gibt es ein $\varphi \in \text{Hom}_F(_F S, _F T)$ so daß $\varphi | E = \varphi_0$

   und in diesem Fall heißt $_F S$ *frei (über E)*.

Knapp, aber ungenau gesagt, kann jede Abbildung φ_0 auf dem freien Erzeugendensystem zu einem Homomorphismus φ fortgesetzt werden.

Diese Fortsetzung φ ist außerdem eindeutig bestimmt durch die obigen Forderungen. Sei nämlich $\psi \in \text{Hom}_F(_F S, _F T)$ und ebenfalls $\psi | E = \varphi_0$. Für $s \in E$, d.h. $s = e$, erhält man dann $\psi(e) = \varphi_0(e) = \varphi(e)$. $s \in FE$ heißt dagegen $s = fe$. Die Homomorphieeigenschaft von φ und ψ bringt dann $\varphi(s) = f\varphi(e) = f\varphi_0(e) = f\psi(e) = \psi(s)$ und deshalb ist $\varphi = \psi$.

Ebenso wie bei den freien Halbgruppen lassen sich die freien F-Semimoduln einerseits leicht charakterisieren und andererseits kann man zeigen, daß die Darstellung $s = fe$ eindeutig ist.

Sei $_F S$ frei über E und $e_1, e_2 \in E$, dann sind $Fe_1 \cup \{e_1\}$ bzw. $Fe_2 \cup \{e_2\}$ Untersemimodulen von $_F S$, und es gilt

(7.10) $\qquad (Fe_1 \cup \{e_1\}) \cap (Fe_2 \cup \{e_2\}) = \emptyset$.

Um diese Beziehung nachzuweisen, nehmen wir zwei Semimoduln $_F S_1$ und $_F S_2$ mit $S_1 \cap S_2 = \emptyset$ und bilden die direkte Summe $S_1 \oplus S_2$. Sei $\varphi_0 : E \to S_1 \oplus S_2$ so gewählt, daß $\varphi_0(e_1) \in S_1$ und $\varphi_0(e_2) \in S_2$.

Ist nun $s \in (Fe_1 \cup \{e_1\}) \cap (Fe_2 \cup \{e_2\})$, so gilt entweder

$$s = f_1 e_1 = f_2 e_2$$

oder $\qquad s = e_1 = f_2 e_2$

oder $\qquad s = e_2 = f_1 e_1$.

Mit der Fortsetzung φ von φ_0 aber erhält man daraus

$$f_1 \varphi_0(e_1) = f_2 \varphi_0(e_2)$$

bzw. $\qquad \varphi_0(e_1) = f_2 \varphi_0(e_2)$

bzw. $\qquad \varphi_0(e_2) = f_1 \varphi_0(e_1)$

was der Voraussetzung $S_1 \cap S_2 = \emptyset$ widerspricht. Wegen (7.10) gilt daher

(7.11) $\qquad S = \bigoplus_{e \in E} (Fe \cup \{e\})$.

Die einzelnen Bestandteile in (7.11) können nun durch F selbst charakterisiert werden. Da $F \subset F^1$ eine Unterhalbgruppe ist, ist F¹ trivialerweise ein F-Semimodul $_F F^1$, und es gilt

$$_F F^1 \simeq {_F}(Fe \cup \{e\}) \qquad (e \in E) .$$

Sei nämlich $\varphi_0 : E \to F^1$ so gewählt, daß $\varphi_0(e) = 1$, dann gilt für die Fortsetzung φ von φ_0 : $\varphi(e) = 1$ und $\varphi(fe) = f$. Daraus folgt aber die Surjektivität und Injektivität der Abbildung $\varphi | (Fe \cup \{e\})$. Insbesondere folgt aus $fe = ge$ auch $f = g$, d.h. zusammen mit (7.11) erhält man die Eindeutigkeit der Darstellung $s = e$ bzw. $s = fe$ für $s \in S$ und $e \in E$.

(7.12) <u>Satz</u>. Sei $_F S$ frei über E, so gilt

$$_F S \simeq \bigoplus_{e \in E} {_F}F^1$$

und die Darstellung jedes $s \in S$ in der Form $s = e$ oder $s = fe$ ($e \in E$) ist eindeutig.

Damit sind die freien F-Semimoduln vollständig auf die Struktur der Halbgruppe F zurückgeführt (vgl. auch Übung (7.5)).

Haben wir in den direkten Summen und Produkten Möglichkeiten kennengelernt, aus F-Links-Semimoduln neue zu konstruieren, so wollen wir uns jetzt damit beschäftigen, wie man einen F-Rechts-Semimodul T_F mit einem F-Links-Semimodul $_F S$ verbinden kann. Dazu betrachten wir das kartesische Produkt

$$T \times S$$

und definieren auf dieser Menge eine Relation π_0 durch

(7.13) $(t,s) \pi_0 (t',s') :\Leftrightarrow \exists f \in F : t' = tf \wedge s = fs'$,

wobei $s, s' \in S$ und $t, t' \in T$ ist. Die Relation π_0 verbindet also gerade jeweils die beiden Paare $(t, fs), (tf, s)$.

(7.14) <u>Definition</u>. Seien $T_F, {}_FS$ ein F-Rechts- bzw. ein F-Links-Semimodul, π_0 die gemäß (7.13) auf $T \times S$ definierte Relation und π die von π_0 erzeugte Äquivalenzrelation. Dann heißt die Quotientenmenge

$$T \otimes_F S := (T \times S)/\pi$$

das *Tensorprodukt* von T_F mit ${}_FS$. Die Elemente von $T \otimes_F S$ sind die Klassen

$$t \otimes s := \pi(t,s)$$

nach π.

In $T \otimes_F S$ wird also nach der Regel

$$tf \otimes s = t \otimes fs$$

gerechnet, womit man leicht den folgenden Satz nachweist.

(7.15) <u>Satz</u>. Ist T_F endlich erzeugt und ${}_FS$ endlich, oder T_F endlich und ${}_FS$ endlich erzeugt, so ist die Menge $T \otimes_F S$ endlich.

Die Definition des Tensorproduktes ist gelegentlich schwer handzuhaben, weshalb der folgende Satz, der auch den universellen Charakter des Tensorproduktes hervorhebt, von besonderer Bedeutung ist.

(7.16) <u>Satz</u>. Ist U eine Menge, $T_F, {}_FS$ zwei Semimoduln und

$$\beta : T \times S \to U$$

eine Abbildung, für die

$$\beta(tf,s) = \beta(t,fs)$$

für alle $t \in T$, $s \in S$ und $f \in F$ gilt, so gibt es genau eine Abbildung φ derart, daß das Diagramm

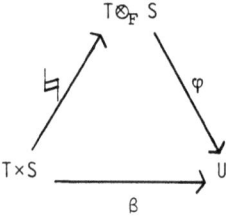

kommutativ ist: $\varphi \natural = \beta$ ($\natural$ ist die kanonische Abbildung).

Beweis: Ist σ die von β in $T \times S$ induzierte Äquivalenzrelation, so folgt aus der besonderen Eigenschaft von β, daß $\pi_0 \subset \sigma$ und folglich auch $\pi \subset \sigma$. Folglich wird durch $\varphi(t \otimes s) := \beta(t,s)$ tatsächlich eine Abbildung gestiftet, für die $\varphi \natural (t,s) = \varphi(t \otimes s) = \beta(t,s)$, also $\varphi \natural = \beta$ gilt. Die Eindeutigkeit von φ folgt aus $\varphi(t \otimes s) = \beta(t,s) = \varphi'(t \otimes s)$ unmittelbar.

Soweit haben wir aus den beiden Semimoduln T_F und $_F S$ nur eine neue Menge ohne Semimodul-Struktur konstruiert, doch gilt

(7.17) <u>Satz</u>. Ist $_H T_F$ ein (H,F)-Bisemimodul und $_F S$ ein F-Links-Semimodul, so wird durch

$$h(t \otimes s) := (ht) \otimes s$$

$T \otimes_F S$ zu einem H-Links-Semimodul.

Beweis: Die Schwierigkeit des Beweises liegt in dem Nachweis, daß die Zuordnung $(h, t \otimes s) \mapsto (ht) \otimes s$ eine Funktion ist; die Eigenschaft, daß sie auch Semimoduloperation ist, folgt dann unmittelbar daraus, daß T auch ein H-Links-Semimodul ist.

In Satz (7.16) setzen wir $U = T \otimes_F S$ und definieren
für $h \in H$ die Funktion

$$\beta_h(t,s) := (ht) \otimes s .$$

Dann gilt $\beta_h(tf,s) = [h(tf)] \otimes s = [(ht)f] \otimes s$, da
T (H,F)-Bisemimodul ist, und man erhält weiter
$\beta_h(tf,s) = (ht) \otimes (fs) = \beta_h(t,fs)$. Infolgedessen
gibt es ein $\varphi_h : T \otimes_F S \to T \otimes_F S$, für das

$$\varphi_h(t \otimes s) = (ht) \otimes s .$$

Ist nun $h = h'$ und $t \otimes s = t' \otimes s'$, so gilt erstens $\beta_h = \beta_{h'}$ und damit zweitens $\varphi_h = \varphi_{h'}$, weil φ_h eindeutig bestimmt ist. Da φ_h bereits Funktion ist, erhält man $\varphi_h(t \otimes s) = \varphi_{h'}(t' \otimes s')$ oder $(ht) \otimes s = (h't') \otimes s'$, womit nachgewiesen ist, daß die Zuordnung $(h, t \otimes s) \mapsto (ht) \otimes s$ tatsächlich eine Funktion ist.

Da jedes zweiseitige Ideal $I \subset F$ auch (F,F)-Bisemimodul ist, ist $I \otimes_F S$ ein F-Semimodul. In Anbetracht der Beziehung $ii_1 \otimes s = i \otimes i_1 s$ kann man sich fragen, wie $I \otimes_F S$ zu dem Untersemimodul $_F(IS)$ von $_F S$ steht. Setzt man in Satz (7.16) $U = IS$ und $\beta(i,s) := is$, so gibt es ein $\varphi : I \otimes_F S \to {}_F(IS)$ mit $\varphi(i \otimes s) = is$, und φ ist offenbar ein surjektiver Homomorphismus, d.h. $_F(IS)$ ist homomorphes Bild von $I \otimes_F S$, und wir haben die Implikation

(7.18) $\qquad i \otimes s = i' \otimes s' \to is = i's'$.

(7.19) <u>Satz</u>. Ist $1 \in F$ und $_F S$ unital, so $F \otimes_F S \simeq {}_F S$ als F-Semimoduln.

Beweis: Mit Satz (7.16) betrachten wir das Diagramm

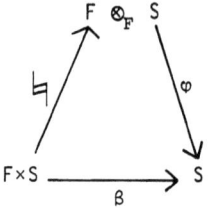

mit $\beta(f,s) := fs$. Dann ist $\varphi(f \otimes s) = fs$. Andererseits ist wegen $1 \in F$, $\psi(s) := 1 \otimes s$ eine Abbildung $\psi : S \to F \otimes_F S$ und es gilt

$$\psi\varphi(f \otimes s) = \psi(fs) = 1 \otimes fs = f \otimes s$$

$$\varphi\psi(s) = \varphi(1 \otimes s) = 1s = s \;,$$

d.h. $\psi\varphi = \mathrm{Id}_{F \otimes S}$ und $\varphi\psi = \mathrm{Id}_S$, woraus die Bijektivität von φ folgt. Die Homomorphieeigenschaft von φ folgt unmittelbar.

Der letzte Satz kann noch etwas allgemeiner gefaßt werden, wie die Übung (7.15) zeigt.
Die Tensorprodukte sind trotz ihrer künstlich erscheinenden Konstruktion oft recht nützlich, insbesondere aber wegen Satz (7.15), der unter relativ schwachen Voraussetzungen die Erhaltung der Endlichkeit der Semimoduln gewährleistet. Als eine Art Produkt ist das Tensorprodukt sogar weitgehend assoziativ wie Übung (7.9) zeigt. Doch ist stets Vorsicht im Umgang mit Tensorprodukten geboten, da sie die Inklusion von Semimoduln nicht erhalten. Ist nämlich $U_F \subset T_F$ ein Untersemimodul (als F-Rechts-Semimodul), so ist das Tensorprodukt $U \otimes_F S$ nicht notwendig in natürlicher Weise in $T \otimes_F S$ enthalten (vgl. auch die Übungen (7.16) und (7.17)).

Zum Abschluß dieses Abschnittes diskutieren wir noch kurz einen etwas weiteren Homomorphiebegriff, der sich in natürlicher Weise aus der Treue der F-Semimoduln heraus ergibt. Die durch

$$f \, \rho_{s_0} \, g \; :\Leftrightarrow \; fs_0 = gs_0$$

definierte Relation ist eine Linkskongruenz in F für jedes $s_o \in S$. Der Durchschnitt aller dieser Linkskongruenzen, nämlich

(7.20) $$\rho_S := \bigcap_{s \in S} \rho_s$$

ist eine Kongruenz in F, da

(7.21) $\quad f \rho_S g \iff \forall s \in S : fs = gs$.

Sei

(7.22) $$\bar{F} = F/\rho_S$$

die Quotientenhalbgruppe, die sogenannte *Übergangshalbgruppe*, und bezeichne

$$\bar{f} = \rho_S f$$

deren Elemente, d.h. die Klassen nach ρ_S, so ist der F-Semimodul $_F S$ auch ein $\bar{F}$-Semimodul $_{\bar{F}} S$ vermöge der Operation

(7.23) $\quad \bar{f}s := fs$.

Da nun, wegen (7.23), $\bar{f}s = \bar{g}s$ für alle $s \in S$ gleichbedeutend damit ist, daß $f \rho_S g$ bzw. $\bar{f} = \bar{g}$, ist jedenfalls $_{\bar{F}} S$ treu für $\bar{F}$.

Das ist das erste Beispiel dafür, daß gelegentlich auch Semimoduln mit verschiedenen Halbgruppen als Operatoren zu vergleichen sind.

Seien nunmehr F und H Halbgruppen und $\alpha : F \to H$ ein Halbgruppenhomomorphismus: $\alpha \in \text{Hom}(F,H)$. Dann kann man jeden H-Semimodul $_H S$ in einfacher Weise auch zu einem F-Semimodul machen, indem man erklärt

(7.24) $\quad fs := \alpha(f)s$.

Auch hier ist S zugleich F- und H-Semimodul und es liegt nahe, einen Homomorphiebegriff für Semimoduln zu betrachten, der auch unterschiedliche Halbgruppen mit in Betracht zieht.

(7.25) <u>Definition</u>. Seien $_F S$ und $_H T$ F- bzw. H-Semimoduln. Ein Paar (α,φ) von Abbildungen

$$\alpha : F \to H$$

$$\varphi : S \to T$$

heißt *verallgemeinerter Homomorphismus* von $_F S$ in $_H T$, wenn

1. $\alpha \in \text{Hom}(F,H)$ und
2. $\varphi(fs) = \alpha(f)\varphi(s)$ für alle $f \in F$ und $s \in S$ gilt.

In den beiden obigen Beispielen wäre $\varphi = \text{Id}_S$, die identische Abbildung $(S = T)$, und $\alpha = \natural$ der kanonische Homomorphismus im ersten Beispiel.

Hat man $F = H$ und $\alpha = \text{Id}_F$, so geht der verallgemeinerte Homomorphismus in den gewöhnlichen über.

Auf eine eingehendere Behandlung dieses Homomorphiebegriffs können wir hier nicht eingehen.

Übungen zu 7.

1. Das direkte Produkt $\underset{i=1}{\overset{n}{X}} S_i$ hat folgende universelle Eigenschaft:
   Es gibt Homomorphismen $p_k : \underset{i=1}{\overset{n}{X}} S_i \to S_k$ ($k = 1...n$) derart, daß es zu jedem F-Semimodul $_FT$ und zu jeder Familie von Homomorphismen $\alpha_k : T \to S_k$ ($k = 1...n$) genau einen Homomorphismus $\alpha : T \to \underset{i=1}{\overset{n}{X}} S_i$ gibt, so daß $p_k \alpha = \alpha_k$ ($k = 1...n$) gilt.
   (Hinweis:
   $p_k(s_1, s_2, ..., s_n) := s_k$, $\alpha(t) := (\alpha_1(t), \alpha_2(t), ..., \alpha_n(t))$)

2. Ist $\{S_i : i \in I\}$ eine Familie von Semimoduln $_F S_i$, so ist $S_i' := \{(s,i) : s \in S\}$ mit der Operation $f(s,i) := (fs,i)$ für jedes $i \in I$ ein F-Semimodul, für den gilt: $_F S_i \sim {_F S_i'}$. Ferner sind die Mengen S_i' paarweise disjunkt.

3. Die direkte Summe $\underset{i \in I}{\bigoplus} S_i$ hat folgende universelle Eigenschaft:
   Es gibt Homomorphismen $u_k : S_k \to \underset{i \in I}{\bigoplus} S_i$ ($k \in I$) derart, daß es zu jedem F-Semimodul $_F T$ und zu jeder Familie von Homomorphismen $\alpha_k : S_k \to T$ ($k \in I$) genau einen Homomorphismus $\alpha : \underset{i \in I}{\bigoplus} S_i \to T$ gibt, so daß $\alpha u_k = \alpha_k$ ($k \in I$) gilt.
   (Hinweis: u_k Inklusionsabbildung, $\alpha | S_k = \alpha_k$)

4. Ist τ eine Äquivalenzrelation auf $_F S$ mit $\tau_0 \subset \tau$, so ist τ Kongruenz in $_F S$.

5. Sei $1 \in F$. $_F S$ heißt unital-frei über $E \subset S$, wenn
   1. $_F S$ unital und $FE = S$ ist
   2. Zu jedem unitalen F-Semimodul $_F T$ und jeder Abbildung $\varphi_0 : E \to T$ gibt es ein $\varphi \in \text{Hom}_F(_F S, _F T)$ derart, daß $\varphi | E = \varphi_0$.

   Man zeige in diesem Falle:
   $$_F S \sim \underset{e \in E}{\bigoplus} {_F F}$$

6. Zeige, daß Gleichung (7.24) eine Semimoduloperation definiert.

77

7. Ist $\phi : H \to F$ ein Halbgruppenhomomorphismus und $_F S$ ein F-Semimodul, so wird S durch $hs := \phi(h)s$ auch zu einem H-Semimodul $_H S$.

8. Ist $\phi : H \to F$ ein surjektiver Halbgruppenhomomorphismus und $_H S$ ein H-Semimodul, so wird S durch $\phi(h)s := hs$ zu einem F-Semimodul $_F S$ genau dann, wenn $\rho_\phi \subset \rho_S$. (ρ_ϕ ist die durch ϕ in H induzierte Kongruenz, ρ_S entsprechend (7.20).)

9. Seien F, G, H Halbgruppen und $_F T_G$, $_G S_H$, $_H U$ entsprechende Semimoduln. Man beweise, daß

$$(T \otimes_G S) \otimes_H U \simeq T \otimes_G (S \otimes_H U)$$

als F-Links-Semimoduln gilt ("Assozitivität" des Tensorprodukts)
(Hinweis: Man zeige zuerst, daß es zu jedem $u \in U$ eine Abbildung $\varphi_u : T \otimes_G S \to T \otimes_G (S \otimes_H U)$ gibt mit $\varphi_u(t \otimes s) = t \otimes (s \otimes u)$; sodann beweise man, daß die Abbildung $\beta : (T \otimes_G S) \times U \to T \otimes_G (S \otimes_H U)$ mit $\beta(t \otimes s, u) := \varphi_u(t \otimes s)$ die Voraussetzungen des Satzes (7.16) erfüllt.)

10. Sei $f \otimes s$, $g \otimes t \in F \otimes_F S$ und $f \otimes s = g \otimes t$, so gilt $fs = gt$.

11. Ist $_F S$ ein Semimodul, $\bar{F}$ seine Übergangshalbgruppe gemäß (7.22), und $_{\bar{F}} S$ der $\bar{F}$-Semimodul entsprechend (7.23), so ist $T \subset S$ ein Untersemimodul von $_F S$ genau dann, wenn T Untersemimodul von $_{\bar{F}} S$ ist, und ρ ist eine Kongruenz in $_F S$ genau dann, wenn ρ eine Kongruenz in $_{\bar{F}} S$ ist.

12. Ist $_F S$ ein Semimodul und S eine endliche Menge, so ist $\bar{F}$ endlich.

13. Ist $_F S$ ein F-Semimodul, so gibt es eine freie Halbgruppe $W(X)$ und einen $W(X)$-Semimodul $_{W(X)} T$ derart, daß ein verallgemeinerter Homomorphismus $(\alpha, \varphi): {_{W(X)}T} \to {_F S}$ mit bijektivem $\varphi : T \to S$ existiert (vgl. Übung (2.3)).

14. Sei $F = O_2$ die orthogonale Gruppe in zwei Dimensionen. Bezeichne $d_\varphi \in O_2$ eine Drehung um den Winkel φ und $\sigma \in O_2$ eine Spiegelung an der x-Achse, so ist die Menge $S = \mathbb{R}^2$ durch $d_\varphi(x,y) := (x \cdot \cos\varphi - y \cdot \sin\varphi, x \cdot \sin\varphi + y \cdot \cos\varphi)$ und $\sigma(x,y) := (x,-y)$ ein O_2-Semimodul.

   a) $S_r := \{(x,y) : x^2 + y^2 = r^2\}$ ist ein irreduzibler Untersemimodul.

   b) $_FS$ ist die direkte Summe seiner irreduziblen Untersemimoduln.

   c) Die Untergruppe $\Sigma = \{1,\sigma\}$ ergibt gemäß (5.9) eine Linkskongruenz ρ. Man zeige $_F(F/\rho) \simeq {}_FS_r$, sofern $r \neq 0$.

15. Ist $1 \notin F$ oder $_FS$ unital, so gilt $_F(F^1 \otimes_F S) \simeq {}_FS$.

16. Sei $_HS$ ein H-Semimodul und $i : U_H \to T_H$ ein Homomorphismus von dem H-Rechts-Semimodul U_H in T_H.

    a) Durch $\varphi(u \otimes s) := i(u) \otimes s$ ist eine Abbildung $\varphi : U \otimes_H S \to T \otimes_H S$ definiert.

    b) Auch wenn i ein Monomorphismus ist, d.h. U_H (bis auf Isomorphie) Untersemimodul von T_H ist, ist φ nicht notwendig ein Monomorphismus.
       Man untersuche diesen Sachverhalt an dem folgenden Beispiel: $H := W(\{x\})$, $U_H := H_H$, $T_H := (H^1)_H$. Ferner ist $S := \{s,r,t\}$ und durch die Tabelle

	s	r	t
x	t	t	t

       zu einem H-Links-Semimodul gemacht.

17. Man zeige

$$(U \oplus V) \otimes_H S \simeq (U \otimes_H S) \oplus (V \otimes_H S)$$

    für beliebige (F,H)-Bisemimoduln U,V und H-Links-Semimoduln S.

18. Ist der Untersemimodul $U_H \subset T_H$ ein direkter Summand von T_H , so ist $U \otimes_H S$ bis auf Isomorphie in $T \otimes_H S$ enthalten.
    (Hinweis: benutze Übung (7.17))

8. Endlichkeitsbedingungen

Sicher sind endliche F-Semimoduln $_FS$ am einfachsten zu behandeln, notfalls kann man sie ja explizit hinschreiben. Die Endlichkeitsforderung ist jedoch für viele Fälle viel zu scharf. Auf der anderen Seite wird man vermeiden wollen, daß die F-Semimoduln zu "groß" werden und in der nebelhaften Ferne unübersehbarer Kardinalitäten verschwimmen.

Einen vernünftigen Mittelweg bietet hier die Theorie der geordneten Mengen und der Verbände an. Derselbe Mittelweg hat sich in der Theorie der Ringe und Moduln als sehr ertragreich erwiesen, und so wollen wir ihn hier, da ja die Semimoduln eng mit den Moduln verwandt sind, einschlagen.

Wesentlich ist, daß weniger etwas zur Kardinalitä von S gefordert wird, als vielmehr darüber, wie die F-Untersemimoduln unter der Inklusion geordnet sind.

(8.1) <u>Definition</u>. Der F-Semimodul $_FS$ erfüllt die

1. *Minimalbedingung*, wenn jede nichtleere Menge von F-Untersemimoduln von $_FS$ ein minimales Element enthält.

2. *Maximalbedingung*, wenn jede nichtleere Menge von F-Untersemimoduln von $_FS$ ein maximales Element enthält.

Bei der Untersuchung der Halbgruppen (Abschnitt 3) wurde eine ähnliche Bedingung für die Links- oder Rechtsideale gefordert. Da nun die Linksideale der Halbgruppe F gerade die F-Untersemimoduln des F-Semimoduls $_FF$ sind, ist die Minimalbedingung für Linksideale von F äquivalent mit der Minimalbedingung für den F-Links-Semimodul $_FF$.

Der folgende Satz ist rein ordnungstheoretisch und charakterisiert die beiden Bedingungen, ohne auf die spezifische Semimodulstruktur einzugehen.

(8.2) Satz. A. $_F S$ erfüllt die Maximalbedingung genau dann, wenn jede aufsteigende Kette von Untersemimoduln $T_i \subset S$

$$T_1 \subset T_2 \subset \ldots$$

nach endlich vielen Gliedern konstant wird.

B. $_F S$ erfüllt die Minimalbedingung genau dann, wenn jede absteigende Kette von Untersemimoduln $T_i \subset S$

$$T_1 \supset T_2 \supset \ldots$$

nach endlich vielen Gliedern konstant wird.

Beweis: A. Notwendigkeit: Gesetzt, eine aufsteigende Kette $T_1 \subset T_2 \subset \ldots$ werde nicht konstant, so kann die Menge der T_n ($n \in \mathbb{N}$) kein maximales Element haben, da jedes T_n echt in einem T_{n+k} enthalten ist.

Hinlänglichkeit: Sei $\mathcal{M}$ eine nichtleere Menge von Untersemimoduln, so gilt für jede aufsteigende Kette $M_1 \subset M_2 \subset \ldots$ mit $M_i \in \mathcal{M}$ die Kettenbedingung, nämlich daß sie abbricht: $M_1 \subset M_2 \subset \ldots \subset M_n = M_{n+1} = \ldots$. M_n ist aber obere Schranke dieser Kette und $M_n \in \mathcal{M}$. Dann aber besagt das Zorn'sche Lemma, daß $\mathcal{M}$ ein maximales Element besitzt.

B. Der Beweis verläuft dual.

Aufgrund des soeben bewiesenen Satzes nennt man die beiden Bedingungen in Definition (8.1) auch Endlichkeitsbedingungen, weil sie die Endlichkeit der aufsteigenden oder absteigenden Ketten gewährleisten.

Der folgende Satz zeigt einen wichtigen Zusammenhang zwischen der Maximalbedingung und der Erzeugbarkeit von $_F S$ und seinen Untersemimoduln.

(8.3) <u>Satz</u>. Es sind äquivalent

1. $_F S$ erfüllt die Maximalbedingung
2. Jeder Untersemimodul $_F T \subset {}_F S$ hat ein *endliches* Erzeugendensystem.

Beweis: 1. → 2.: Für einen Untersemimodul $_F T \subset {}_F S$ bilden wir induktiv die Semimoduln

$$T_1 := Ft_1 \cup \{t_1\} \qquad t_1 \in T$$

$$T_k := T_{k-1} \cup Ft_k \cup \{t_k\} \, , \quad t_k \in T \setminus T_{k-1}$$

die eine aufsteigende Kette bilden:

$$T_1 \subset T_2 \subset \ldots \subset T_n = T_{n+1} = \ldots$$

Dann aber ist $T_n = T$, denn sonst gäbe es ein $t_{n+1} \in T \setminus T_n$ und es wäre $T_{n+1} \neq T_n$. Da ferner nach Konstruktion:

$$T = T_n = F\{t_1, t_2, \ldots, t_n\} \cup \{t_1, t_2, \ldots, t_n\} \, ,$$

ist $\{t_1, \ldots, t_n\}$ ein Erzeugendensystem für T .

2. → 1.: durch Kontraposition. Sei

$$T_1 \subset T_2 \subset \ldots$$

eine nicht abbrechende, echt aufsteigende Kette von Untersemimoduln, dann ist

$$T = \bigcup_{n \in \mathbb{N}} T_n$$

ebenfalls ein Untersemimodul von S . Wir zeigen nun, daß T kein endliches Erzeugendensystem hat. Wäre dies nicht der Fall:

$$T = F\{t_1, \ldots, t_n\} \cup \{t_1, \ldots, t_n\} \, ,$$

so gibt es für jedes t_i wegen $t_i \in T$ auch ein

T_{n_i} mit $t_i \in T_{n_i}$. Für das größte aller dieser T_{n_i}, etwa T_m, gilt $t_1,\ldots,t_n \in T_m$ und somit $T = T_m$, entgegen der Tatsache, daß $T_1 \subset T_2 \subset \ldots$ nicht abbricht.

Ein weiterer Satz läßt von der Minimal- oder Maximalbedingung von Untersemimoduln auf die Minimal- bzw. Maximalbedingung von S schließen.

(8.4) <u>Satz</u>. 1. Sei $_F S = \bigcup_{i=1}^{n} {}_F T_i$ und erfülle jedes T_i die Minimal-[Maximal-]-Bedingung, so erfüllt auch S die Minimal-[Maximal-]-Bedingung.

2. Habe S ein endliches Erzeugendensystem $\{s_1,\ldots s_n\}$ und erfüllen alle Untersemimoduln $Fs_i \cup \{s_i\}$ die Minimal-[Maximal-]-Bedingung, so auch S.

Beweis: 1. Sei $M_1 \supset M_2 \supset \ldots$ eine absteigende Kette von Untersemimoduln von S. So ist $M_1 \cap T_i \supset M_2 \cap T_i \supset \ldots$ eine absteigende Kette von Untersemimoduln von T_i, die voraussetzungsgemäß konstant wird ab einem Index n_i:

$M_1 \cap T_i \supset M_2 \cap T_i \supset \ldots \supset M_{n_i} \cap T_i = M_{n_i+1} \cap T_i = \ldots$

Für $m = \max n_i$ ist dann sicher $M_m \cap T_i = M_{m+k} \cap T_i$ für jedes $k \in \mathbb{N}$, d.h. $M_m \cap \bigcup_i T_i = M_{m+k} \cap \bigcup_i T_i$. Also gilt, weil $S = \bigcup_i T_i$, $M_m = M_{m+k}$, d.h. die Kette $M_1 \supset M_2 \supset \ldots$ wird konstant.

2. Mit $T_i := Fs_i \cup \{s_i\}$ folgt die Behauptung aus 1.

Soweit wurden die Semimoduln untersucht, ohne näher auf die Halbgruppe F einzugehen. Wie aber wirkt sich etwa die früher untersuchte Minimalbedingung für $_F F$ auf die F-Semimoduln aus?

Zunächst habe F ein minimales Linksideal L, d.h. $_FF$ enthält einen irreduziblen Untersemimodul. Mit $s \in {}_FS$ betrachten wir den Untersemimodul Ls von $_FS$. Ist nun $t \in Ls$, so $t = ls$ und folglich $Ft = Fls = Ls$, d.h. nach Satz (6.6) ist Ls irreduzibel. Wir haben also

(8.5) <u>Satz</u>. Hat F minimale Linksideale, so hat jeder F-Semimodul $_FS$ irreduzible Untersemimoduln.

Man darf jetzt jedoch nicht erwarten, daß die Minimalbedingung für $_FF$ sich ebenso auf F-Semimoduln durchschlägt. Vielmehr gilt nur

(8.6) <u>Satz</u>. Es habe $_FS$ ein endliches Erzeugendensystem. Wenn $_FF$ die Minimal- [Maximal-] -Bedingung erfüllt, so auch $_FS$.

Beweis: Seien $s_1,...s_n$ die Erzeugenden von S und

$$S_i := Fs_i \cup \{s_i\} .$$

Ist $_FT \subset {}_FS_i$ ein Untersemimodul, so ist die Menge

$$L(T) = \{f \in F : fs_i \in T\}$$

ein Linksideal in F, d.h. $_FL(T) \subset {}_FF$. Sicher gilt
$$T_1 \supset T_2 \rightarrow L(T_1) \supset L(T_2) .$$

Ist nun $T_1 \supset T_2 \supset ...$ eine absteigende Kette von Untersemimoduln von S_i, so ist $L(T_1) \supset L(T_2) \supset ...$ eine absteigende Kette von Untersemimoduln von $_FF$, die nach Voraussetzung konstant wird:

$$L(T_1) \supset ... \supset L(T_n) = L(T_{n+1}) = ...$$

Nun gilt aber für $T \neq S_i$, daß $L(T)s_i = T$, denn

dann ist für ein $t \in T$ stets $t \neq s_i$, andernfalls ja $T = S_i$ wäre; infolgedessen ist $t \in Fs_i$, also $t \in L(T)s_i$. Damit erhält man aber $T_n = T_{n+1} = \ldots$, d.h. die Kette $T_1 \supset T_2 \supset \ldots$ wird konstant und $_FS_i$ erfüllt die Minimalbedingung. Mit Satz (8.4) folgt sodann die Behauptung.

Ist F insbesondere eine Gruppe, so sind sowohl die Minimal- wie die Maximalbedingung trivialerweise erfüllt, da F außer sich selbst keine weiteren Ideale enthält. In diesem Fall erfüllen also endlich erzeugte Semimoduln $_FS$ stets zugleich die Minimal- und Maximalbedingung.

Im Hinblick auf die Vielfalt ihrer Untersemimoduln sind die irreduziblen Semimoduln die einfachsten, denn sie haben überhaupt keine echten Untersemimoduln. Nicht viel komplizierter, sozusagen "halbeinfach" sind dann diejenigen Semimoduln, die Vereinigung irreduzibler Untersemimoduln sind:

$$S = \bigcup_{\kappa \in K} I_\kappa$$

Da ungleiche I_κ vermöge der Irreduzibilität paarweise disjunkt sind, gilt dann auch

(8.7) $$S = \bigoplus_{\kappa \in K} I_\kappa \; ,$$

d.h. S ist direkte Summe seiner irreduziblen Untersemimoduln.

(8.8) <u>Definition</u>. Ein F-Semimodul $_FS$ heißt *vollreduzibel*, wenn $_FS$ irreduzibel ist, oder wenn jeder Untersemimodul $_FU \subset \, _FS$ direkter Summand ist, d.h. wenn es zu jedem echten Untersemimodul $_FU \subset \, _FS$ ein $_FV \subset \, _FS$ gibt mit
$$U \cap V = \emptyset \quad \text{und} \quad U \cup V = S \; .$$

Verbandstheoretisch ausgedrückt ist daher der Verband der Untersemimoduln eines vollreduziblen Semimoduls ein Boole'-

scher Verband. Die folgenden Sätze sind wiederum rein ordnungs- bzw. verbandstheoretischer Art: die algebraische Seite der Semimoduln geht hierbei nur indirekt über Satz (6.3) ein.

(8.9) <u>Satz</u>. Jeder Untersemimodul eines vollreduziblen Semimoduls ist vollreduzibel.

Beweis: Sei $_FU \subset {}_FN \subset {}_FS$ und $_FS$ vollreduzibel, so gibt es ein $_FV$ mit

$$U \cap V = \emptyset \quad \text{und} \quad U \cup V = S \ .$$

Da $N = N \cap S = N \cap (U \cup V) = U \cup (N \cap V)$ und $U \cap (N \cap V) = \emptyset$, ist also $N = U \oplus (N \cap V)$, d.h. U ist direkter Summand auch von N.

Sei nun S direkte Summe (oder Vereinigung) irreduzibler Untersemimoduln entsprechend (8.7) und $_FU \subset {}_FS$, so gilt für jedes $\kappa \in K$

$$U \cap I_\kappa \neq \emptyset \rightarrow I_\kappa \subset U$$

da $U \cap I_\kappa \subset I_\kappa$ und, wegen der Irreduzibilität, auch $U \cap I_\kappa = I_\kappa$. Folglich ist

$$U = \bigoplus_{\kappa \in K_1} I_\kappa$$

für eine Indexmenge $K_1 \subset K$.
Setzt man

$$V := \bigoplus_{\kappa \in K \setminus K_1} I_\kappa \ ,$$

so ist auch

$$U \cap V = \emptyset \ ,$$

also ist U direkter Summand von S und S ist vollreduzibel. Das ist die leichtere Richtung von

87

(8.10) <u>Satz</u>. Es sind äquivalent

1. S ist direkte Summe irreduzibler Untersemimoduln
2. S ist vollreduzibel.

Beweis: 2. → 1.: Zunächst ist überhaupt die Existenz irreduzibler Untersemimoduln nachzuweisen, wobei zu bedenken ist, daß wir keine Minimalbedingung gefordert haben!

A. Wir zeigen, daß jeder Untersemimodul $_FN \subset {_FS}$ einen irreduziblen Untersemimodul enthält. Sei $n \in N$ und $\mathfrak{N}'$ die Menge aller Untersemimoduln $_FN' \subset {_FN}$ mit $n \notin N'$.

Erster Fall: $\mathfrak{N}'$ ist leer, d.h. für alle $_FN' \subset {_FN}$ gilt $n \in N'$, dann aber ist Fn bereits irreduzibel, denn für ein $_FU$ mit $\emptyset \neq U \subset Fn$ gilt $U \subset N$, da ja $Fn \subset N$. Also ist auch $n \in U$ und deshalb $Fn = U$.

Zweiter Fall: $\mathfrak{N}'$ ist nicht leer. Sei $N_1' \subset N_2' \subset \ldots$ eine aufsteigende Kette von Elementen aus $\mathfrak{N}'$, dann ist

$$\bigcup_{\kappa \in \mathbb{N}} N_\kappa'$$

in N enthalten, da es jedes N_κ' ist. Außerdem aber $n \notin \bigcup_\kappa N_\kappa'$, denn sonst wäre $n \in N_\kappa'$ für ein $k \in \mathbb{N}$. Daher ist $\bigcup_\kappa N_\kappa'$ ein Element von $\mathfrak{N}'$, und obere Schranke der Kette $N_1' \subset N_2' \subset \ldots$, weshalb $\mathfrak{N}'$ nach dem Zorn'schen Lemma ein maximales Element N_0' hat. Da einerseits $N_0' \subset N$ und andererseits $_FN$ nach Satz (8.9) vollreduzibel ist, gilt

$$N = N_0' \oplus N_1$$

für einen Untersemimodul $N_1 \subset N$, für den außerdem $n \in N_1$ gilt.

Wir behaupten nun, daß N_1 irreduzibel ist. Wäre das nicht der Fall, so gäbe es ein $_FU$ mit

$\emptyset \neq U \subset N_1$ und infolge der Vollreduzibilität von N_1 (Satz (8.9)!) auch ein $_F V$ mit

$$N_1 = U \oplus V ,$$

und wir hätten

$$N = N_0' \oplus U \oplus V .$$

Da $U \cap V = \emptyset$, gilt $N_0' = (N_0' \cup U) \cap (N_0' \cup V)$. Weil $n \notin N_0'$, gilt entweder $n \notin N_0' \cup U$ oder $n \notin N_0' \cup V$. Sowohl $N_0' \cup U$ wie $N_0' \cup V$ sind aber in N enthalten und folglich entweder $N_0' \cup U$, oder $N_0' \cup V \in \mathfrak{N}'$. Da aber $U \neq \emptyset$ und $V \neq \emptyset$ liefe dies der Maximalität von N_0' zuwider, also ist N_1 irreduzibel.

B. Nachdem die Existenz irreduzibler Untersemimoduln gesichert ist, ist die Familie aller irreduziblen Untersemimoduln

$$\{I_\kappa : \kappa \in K\}$$

nicht leer und

$$I = \bigcup_{\kappa \in K} I_\kappa \subset S .$$

Es gilt aber auch

$$I = S ,$$

denn sonst ergäbe die Vollreduzibilität von S die Beziehung $S = I \oplus V$ für ein V. Nach A. enthält V einen irreduziblen Untersemimodul I_0, der wegen $V \cap I = \emptyset$ nicht in der Familie der I_κ vorkäme!

Da schließlich zufolge der Irreduzibilität die I_κ paarweise disjunkt sind, ist auch

$$S = \bigoplus_{\kappa \in K} I_\kappa$$

und S ist direkte Summe seiner irreduzibler Untersemimoduln.

Die Zerlegung der vollreduziblen Semimoduln in eine direkte Summe irreduzibler, ist nach Satz (7.8) natürlich eindeutig, denn irreduzible Semimoduln sind erst recht direkt unzerlegbar.

Mit Hinzunahme einer Endlichkeitsbedingung zur Vollreduzibilität kann man sogar eine Anzahlaussage über die Menge aller irreduziblen Untersemimoduln machen.

(8.11) <u>Satz</u>. Erfüllt $_F S$ die Minimal- oder die Maximalbedingung und ist $_F S$ vollreduzibel, so ist die Anzahl seiner irreduziblen Untersemimoduln endlich.

Beweis: A. $_F S$ erfülle die Maximalbedingung und I_K seien irreduzible Untersemimoduln, dann wird die Kette

$$I^{(1)} \subset I^{(2)} \subset \ldots \subset I^{(n)} = I^{(n+1)} = \ldots$$

mit den Gliedern

$$I^{(K)} := I_1 \oplus I_2 \oplus \ldots \oplus I_K$$

konstant. Dann aber ist $S = I^{(n)}$, denn sonst lieferte die Vollreduzibilität $S = I^{(n)} \oplus V$ mit $V \neq \emptyset$. V wäre seinerseits vollreduzibel (Satz (8.9)) und enthielte ein irreduzibles I_{n+1} (Satz (8.10)). Folglich wäre die Inklusion $I^{(n)} \subset I^{(n)} \oplus I_{n+1}$ echt, entgegen der Annahme über obige Kette.

  B. $_F S$ erfülle nun die Minimalbedingung, und es sei

$$U_1 \subset U_2 \subset \ldots$$

eine aufsteigende Kette. Aus der Vollreduzibilität erhalten wir

$$S = U_1 \oplus V_1 = U_2 \oplus V_2 = \ldots$$

und deshalb eine absteigende Kette

$$V_1 \supset V_2 \supset \ldots$$

die voraussetzungsgemäß konstant wird. Dann aber ist auch $U_n = U_{n+1} = \ldots$ und die Kette $U_1 \subset U_2 \subset \ldots$ wird ebenfalls konstant: $_FS$ erfüllt die Maximalbedingung, und nun siehe A. .

Zum Schluß betrachten wir noch den Fall, daß F eine Gruppe ist. Für jedes $s \in S$ ist dann Fs irreduzibel, da in diesem Fall $Ff = F$ und somit $F(fs) = Fs$ gilt, woraus mit Satz (6.6) die Behauptung folgt. Damit sind die Untersemimoduln Fs von $_FS$ (die Transitivitätsklassen von F in S) auch paarweise disjunkt und der Untersemimodul FS ist vollreduzibel. Ist überdies $_FS$ unital, so gilt $FS = S$, und man erhält

(8.12) <u>Satz</u>. Ist F eine Gruppe und $_FS$ unital, so ist $_FS$ vollreduzibel.

Übungen zu 8.

1. Ist $_FS$ vollreduzibel, so erfüllt $_FS$ die Minimalbedingung genau dann, wenn $_FS$ die Maximalbedingung erfüllt.

2. Ist F eine Halbgruppe und sind alle F-Semimoduln $_FS$ vollreduzibel, so ist F eine Gruppe (vgl. Satz (8.12)). (Anleitung: Speziell für $_FS = {}_FF$ ergibt Satz (8.10), daß F Vereinigung von minimalen Linksidealen ist. Ferner ist nach Voraussetzung auch $_F(F^1)$ vollreduzibel, womit $1 \notin F$ ausscheidet, d.h. $1 \in F$. Letzteres bedingt aber, daß F selbst schon minimales Linksideal ist. Satz (3.6) gewährleistet sodann die Existenz der Inversen.)

3. Ist $_FS$ vollreduzibel oder erfüllt die Minimal- oder Maximalbedingung, so sind die homomorphen Bilder (die Quotienten) von $_FS$ vollreduzibel, bzw. erfüllen die Minimal- bzw. Maximalbedingung.

4. W(X) erfüllt nicht die Minimalbedingung für Linksideale. W(X) erfüllt die Maximalbedingung für Linksideale genau dann, wenn $card(X) = 1$.

5. Sei $S = \mathbb{R}^2$ und $F = O_2$ die orthogonale Gruppe, so erfüllt $_FS$ weder die Minimal- noch die Maximalbedingung. Welches sind die irreduziblen Untersemimoduln von $_FS$? Ist $_FS$ vollreduzibel? (vgl. Übung (8.1)).

6. Sei $F = W(\{f\})$ und $S = \{a_{ik} : i, k \in \mathbb{N}, k \leq i\} \cup \{a_o\}$. Durch

$$fa_{ik} := \begin{cases} a_{i,k-1} & \text{falls } k > 1 \\ a_o & \text{falls } k = 1 \end{cases}$$

wird S zu einem F-Semimodul, der weder Minimal- noch Maximalbedingung erfüllt.

7. Sei $F = W(\{f\})$.

   a) $_FF$ erfüllt die Maximalbedingung, nicht aber die Minimalbedingung.

b) Ist $S = \{a_i : i \in \mathbb{N}\} \cup \{a_o\}$, so wird durch

$$fa_i := \begin{cases} a_{i-1} & \text{falls } i \geq 1 \\ a_o & \text{falls } i = 0 \end{cases}$$

die Menge S zu einem F-Semimodul, der die Minimal- aber nicht die Maximalbedingung erfüllt.

Jeder echte Untersemimodul von $_F S$ hat ein endliches Erzeugendensystem (vgl. Satz (8.2)).

9. Zusammenhang zwischen Semimoduln und Halbgruppen

Die zweite Forderung für die Semimoduloperation $(f,s) \to fs$ in Definition (6.1) zeigt, daß diese Operation die Multiplikation in der Halbgruppe F berücksichtigen muß, und man kann daher fragen, inwieweit ein Semimodul $_FS$ bereits durch die Halbgruppe F selbst charakterisiert werden kann.

Nun lieferten uns bereits die Linksideale I von F Beispiele für Semimoduln, aber auch deren Quotienten nach einer Linkskongruenz (vgl. Abschnitt 6); diese Quotienten sind also homomorphe Bilder von als Semimoduln aufgefaßten Linksidealen von F und somit durch F selbst bestimmt. Da wir ferner als einzige Vergleichsmöglichkeit für Semimoduln nur die Homomorphiebeziehung zur Verfügung haben, liegt es nahe zu untersuchen, ob nicht schon Homomorphismen der Art

$$\varphi : \, _FI \to \, _FS$$

den Semimodul $_FS$ zu beschreiben erlauben. Es gibt stets einen solchen Homomorphismus, nämlich den durch

(9.1) $\qquad \varphi_s(i) := is \qquad (i \in I)$

für festes $s \in S$ bestimmten. Die Bildmenge von I unter φ_s ist dann $Is \subset S$. Doch ist keineswegs jeder Homomorphismus φ vom Typ des in (9.1) definierten. Außerdem ist im allgemeinen nicht gesagt, daß man S durch alle möglichen Bilder irgendwelcher Linksideale I ausschöpfen kann (vgl. Übung (9.1)). Letzteres kann man noch erzwingen, indem man statt S nur den Untersemimodul $FS \subset S$ betrachtet, der gerade aus denjenigen $s \in S$ besteht, die durch Anwendung irgendeines $f \in F$ auf irgendein Element aus S "erreicht" werden können; die Differenz $S \setminus FS$ enthält die "unerreichbaren" Elemente von S.

Aus pragmatischen Gründen wie auch wegen der Tatsache, daß die unerreichbaren Elemente verhältnismäßig wenig zur Struktur von $_FS$ beitragen (vgl. Übung (9.1)), untersucht man häufig nur FS oder fordert, daß S = FS ist. Schließlich kann man ohne wesentliche Einschränkung davon ausgehen, daß

$_F S$ direkt unzerlegbar ist, andernfalls ja $_F S$ durch seine direkt unzerlegbaren Bestandteile einfach zu beschreiben ist.

Selbst wenn man nun noch annimmt, daß $_F S$ endlich erzeugbar ist:
$$S = Fs_1 \cup Fs_2 \cup \ldots \cup Fs_n ,$$

kann man nur sagen, daß S Vereinigung homomorpher Bilder von $_F F$ ist vermöge

$$\varphi_{s_i} : F \to Fs_i \quad \text{mit} \quad \varphi_{s_i}(f) := fs_i ,$$

aber diese Bilder, nämlich die Fs_i, sind nicht unabhängig voneinander, sie haben ja gemeinsame Durchschnitte.

Um also zu übersichtlichen Aussagen zu kommen, werden wir uns im wesentlichen auf zyklische Semimoduln oder direkte Summen solcher Semimoduln beschränken.

Wir werden in diesem Abschnitt die zyklischen Semimoduln und dann den Fall behandeln, daß $_F F$ vollreduzibel ist. Im nächsten Abschnitt sollen dann die irreduziblen Semimoduln ausführlich zur Sprache kommen.

Sei $_F S$ *streng zyklisch*, d.h.

$$S = Fs_0$$

für ein $s_0 \in S$. Die Abbildung

$$\varphi : F \to S \quad \text{mit} \quad \varphi(f) := fs_0$$

ist ein Element aus $\text{Hom}_F(_F F, _F S)$, da $\varphi(gf) = gfs_0 = g\varphi(f)$ ist. Für die durch φ gegebene Linkskongruenz

$$f \rho_{s_0} g \; :\Leftrightarrow \; \varphi(f) = \varphi(g)$$

gilt

$$f \rho_{s_0} g \; \Leftrightarrow \; fs_0 = gs_0 .$$

Da nun $s_0 \in S = Fs_0$, gibt es ein $e \in F$ mit $es_0 = s_0$

und infolgedessen gilt

$$fes_0 = fs_0$$

für jedes $f \in F$. Anders ausgedrückt hat ρ die Eigenschaft, daß

$$(fe)\, \rho\, f$$

für alle $f \in F$ gilt.

(9.2) <u>Definition</u>. Eine Linkskongruenz ρ in F heißt *modular*, wenn es ein $e \in F$ gibt, so daß $(fe)\, \rho\, f$ für jedes $f \in F$ gilt. Das Element e heißt *Rechtsidentität modulo* ρ .

Ist nun ρ eine modulare Linkskongruenz, so ist der Quotientensemimodul $_F(F/\rho)$ (vgl. Abschnitt 7) seinerseits streng zyklisch: da $(fe)\, \rho\, f$ stets gilt, ist $f \cdot \rho e = \rho(fe) = \rho f$, d.h. $F \cdot \rho e = \{\rho f : f \in F\}$, und die Klasse ρe ist ein erzeugendes Element von F/ρ. Zusammenfassend hat man also

(9.3) <u>Satz</u>. Alle streng zyklischen Semimoduln $_FS$ sind bis auf Isomorphie Quotientensemimoduln $_F(F/\rho)$, wobei ρ eine modulare Linkskongruenz in F ist und, umgekehrt, ist jeder Quotientensemimodul F/ρ nach einer modularen Linkskongruenz ρ streng zyklisch mit dem erzeugenden Element ρe , wobei e eine Rechtsidentität modulo ρ ist.

Betrachten wir nun die Halbgruppe der Endomorphismen (Abschnitt 7) eines streng zyklischen Semimoduls $S = Fs_0$ oder, was dasselbe ist, von F/ρ mit einer modularen Linkskongruenz ρ . Es sei daran erinnert, daß die Elemente von $\text{Hom}_F(_FS,_FS)$ als *Rechts*operatoren auf S wirken sollen. Das hat lediglich schreibtechnische Gründe und erhöht gelegentlich die Übersichtlichkeit.

Auch sei nochmals an die Schreibweise der Quotientensemimoduln (Abschnitt 7) erinnert. Die Elemente von F/ρ sind die Klassen ρf von ρ und ρf ist diejenige Klasse, die f enthält. Die Semimoduloperation war durch

$$f \circ \rho h := \rho(fh)$$

definiert. Demgemäß ist ein Element $\delta \in \text{Hom}_F(F/\rho, F/\rho)$ eine Abbildung der Menge der Klassen ρf in sich mit der Eigenschaft

(9.4) $\qquad f \circ (\rho h)\delta = (f \circ \rho h)\delta$.

Sei $n \in \mathfrak{N}(\rho)$, dem Normalisator von ρ (Abschnitt 5), dann ist durch

(9.5) $\qquad (\rho f)\varepsilon_n := \rho(fn)$

eine Abbildung von F/ρ in F/ρ definiert. Denn ist $\rho f = \rho h$, so gilt nach Rechtsmultiplikation beider Klassen mit n : $(\rho f)n = (\rho h)n$. Da $n \in \mathfrak{N}(\rho)$ ist, hat man $(\rho f)n \subset \rho(fn)$ und $(\rho h)n \subset \rho(hn)$, weshalb $\rho(fn) \cap \rho(hn) \supset (\rho f)n$, der Durchschnitt also nicht leer ist. Infolgedessen gilt $\rho(fn) = \rho(hn)$, d.h. aus $\rho f = \rho h$ folgt $(\rho f)\varepsilon_n = (\rho h)\varepsilon_n$, und somit ist ε_n tatsächlich eine Abbildung von F/ρ in F/ρ.

Da außerdem

$$h \circ (\rho f)\varepsilon_n = h \circ \rho(fn) = \rho(hfn)$$

und

$$(h \circ \rho f)\varepsilon_n = (\rho(hf))\varepsilon_n = \rho(hfn)$$

gilt, ist die Beziehung (9.4) für ε_n erfüllt, d.h. $\varepsilon_n \in \text{Hom}_F(F/\rho, F/\rho)$. Die Gleichung

$$(\rho f)\varepsilon_{n_1} \cdot \varepsilon_{n_2} = \rho(fn_1 n_2) = (\rho f)\varepsilon_{n_1 n_2}$$

zeigt schließlich, daß die Zuordnung $n \mapsto \varepsilon_n$ ein Halbgruppenhomomorphismus von $\mathfrak{N}(\rho)$ in $\text{Hom}_F(F/\rho, F/\rho)$ ist.

Soweit haben wir noch nicht die besondere Eigenschaft von ρ modular zu sein ausgenützt.

Sei nun umgekehrt $\varepsilon \in \text{Hom}_F(F/\rho, F/\rho)$ und für eine Rechtsidentität modulo ρ :

(9.6) $\qquad (\rho e)\varepsilon = \rho n$,

dann gilt einerseits $\rho f = f \cdot \rho e$, da ja (fe) ρ f ist, weshalb andererseits mit der Verträglichkeit von ε auch $(\rho f)\varepsilon = f \cdot (\rho e)\varepsilon$ gilt. Mit (9.6) erhält man daraus:

(9.7) $\qquad (\rho f)\varepsilon = \rho(fn) \qquad (f \in F)$.

In Analogie zu Gleichung (9.5) liegt es nun nahe zu vermuten, daß $n \in \mathfrak{N}(\rho)$ ist, und das ist in der Tat der Fall: $x \in (\rho f)n$ ist gleichbedeutend damit, daß $x = k \cdot n$ und $k \in \rho f$. Folglich gilt $x \in \rho(kn)$, und mit (9.7) erhält man $x \in (\rho k)\varepsilon$. Da nun $(\rho k)\varepsilon$ wieder eine Klasse, z.B. ρh ist, ist die Inklusion $(\rho f)n \subset \rho h$ nachgewiesen, die aber $\rho h = \rho(fn)$ zur Konsequenz hat. Also ist $(\rho f)n \subset \rho(fn)$ und $n \in \mathfrak{N}(\rho)$.

Wir haben damit nachgewiesen, daß jedes $\varepsilon \in \text{Hom}_F(F/\rho, F/\rho)$ als ein ε_n im Sinne von (9.5) angesehen werden kann:

(9.8) <u>Satz</u>. Ist ρ modulare Linkskongruenz in F , so ist die Halbgruppe $\text{Hom}_F({}_F(F/\rho), {}_F(F/\rho))$ homomorphes Bild des Normalisators $\mathfrak{N}(\rho)$.

Verbleibt noch zu untersuchen, welche $n_1, n_2 \in \mathfrak{N}(\rho)$ dasselbe Element ε_n ergeben. $\varepsilon_{n_1} = \varepsilon_{n_2}$ heißt, daß beide die gleiche Abbildung liefern, d.h. aber $\rho(fn_1) = \rho(fn_2)$ bzw. $(fn_1) \rho (fn_2)$ für alle $f \in F$. Wählt man speziell $f = e$, so folgt $(en_1) \rho (en_2)$. Umgekehrt erhält man aus $(en_1) \rho (en_2)$ auch $(fen_1) \rho (fen_2)$. Weil ferner (fe) ρ f und $n_1, n_2 \in \mathfrak{N}(\rho)$, gilt auch $(fen_1) \rho (fn_1)$ und $(fen_2) \rho (fn_2)$. Folglich $(fn_1) \rho (fn_2)$.

Wir haben also

(9.9) $\varepsilon_{n_1} = \varepsilon_{n_2} \iff (en_1) \rho (en_2)$

gezeigt.

(9.10) <u>Satz</u>. Sei ρ modulare Linkskongruenz in F und e eine Rechtsidentität modulo ρ, so gilt:

1. $\mathcal{U}_e(\rho) := \{n \in \mathcal{U}(\rho) : (en) \rho n\}$

    ist ein Rechtsideal der Halbgruppe $\mathcal{U}(\rho)$ und

2. $\mathcal{U}_e(\rho)/\overline{\rho} \simeq \text{Hom}_F({}_F(F/\rho), {}_F(F/\rho))$,

    wobei $\overline{\rho}$ die Einschränkung von ρ auf $\mathcal{U}_e(\rho)$ ist.

Beweis: 1. Ist $n \in \mathcal{U}_e(\rho)$, d.h. $(en) \rho n$, so folgt mit $m \in \mathcal{U}(\rho)$ $(enm) \rho (nm)$, was $nm \in \mathcal{U}_e(\rho)$ bedeutet und damit ist $\mathcal{U}_e(\rho)$ Rechtsideal von $\mathcal{U}(\rho)$.

2\. Für die Gleichung (9.7) wurde bereits $n \in \mathcal{U}(\rho)$ nachgewiesen. Aus (9.7) folgt insbesondere $(\rho e)\varepsilon_n = \rho(en)$ und mit (9.6): $\rho(en) = \rho n$, d.h. $(en) \rho n$. Folglich $n \in \mathcal{U}_e(\rho)$. $\text{Hom}_F(F/\rho, F/\rho)$ ist also schon homomorphes Bild der Halbgruppe $\mathcal{U}_e(\rho)$. Für $n_1, n_2 \in \mathcal{U}_e(\rho)$ besagt (9.9) ferner: $\varepsilon_{n_1} = \varepsilon_{n_2} \iff n_1 \rho n_2$, was die behauptete Isomorphie unmittelbar liefert.

Damit sind die streng zyklischen Semimoduln samt ihren Endomorphismen ganz auf die Struktur von F zurückgeführt.

Als nächstes werden wir einen Satz beweisen, der schon wegen seiner formalen Analogie zu einem Satz der Theorie der Ringe und Moduln interessant ist.

(9.11) <u>Satz</u>. Die folgenden Aussagen sind äquivalent:

1. $_F F$ ist vollreduzibel
2. Für jeden Semimodul $_F S$ ist $_F(FS)$ vollreduzibel.

Beweis: 1.→2. Ist $_F F$ vollreduzibel, so ist nach Satz (8.10)

$$ F = \bigoplus_{\lambda \in \Lambda} L_\lambda \, , $$

wobei L_λ irreduzible Untersemimoduln von $_F F$, d.h. minimale Linksideale von F sind.
Folglich ist

$$ FS = \bigcup_{\lambda \in \Lambda} L_\lambda S \, . $$

Nun ist aber $L_\lambda s$ für jedes $s \in S$ seinerseits ein irreduzibler Untersemimodul von S (vgl. die Ausführungen vor Satz (8.5)), da L_λ minimales Linksideal von F ist. Also ist FS ebenfalls eine Vereinigung irreduzibler Untersemimoduln und damit auch direkte Summe irreduzibler Untersemimoduln, denn diese sind, sofern verschieden, paarweise disjunkt. Wieder mit Satz (8.10) folgt die Vollreduzibilität von FS.

2.→1. Die Umkehrung gewinnt man durch geeignete Spezialisierung der 2. Aussage. Mit $S := F^1$ gilt $FS = F$ und nach Voraussetzung ist $_F FS$ vollreduzibel daher auch $_F F$.

Der letzte Satz enthält noch einen Spezialfall, der uns zurück zu Satz (8.12) führt. Ist nämlich F eine Gruppe, so ist $_F F$ irreduzibel und somit erst recht vollreduzibel. Satz (9.11) sagt dann, daß $_F(FS)$ seinerseits vollreduzibel ist. Berücksichtigt man noch, daß $_F(FS)$ der größte unitale Untersemimodul von S ist, so erhält man wieder den Satz (8.12).

Übungen zu 9.

1. Die Gruppe F sei gegeben durch die Multiplikationstafel

	e	f
e	e	f
f	f	e

,

ferner sei $S = \{s_1, \ldots, s_5\}$ und die Operation $(f,s) \to fs$ durch

	s_1	s_2	s_3	s_4	s_5
es_i	s_5	s_5	s_5	s_4	s_5
fs_i	s_4	s_4	s_4	s_5	s_4

gegeben. Man zeige:

a) S ist ein F-Semimodul und $T = \{s_4, s_5\}$ ein irreduzibler Untersemimodul

b) $_FF \simeq {_FT}$.

2. Für beliebiges F und $_FS$ bestimme man die Semimoduloperation für den Quotientensemimodul nach einer Kongruenz ρ in $_FS$, die durch

$$s \rho t :\Leftrightarrow s = t \vee s, t \in FS$$

gegeben ist (Rees-Quotient S/FS).

3. Sei ρ eine modulare Linkskongruenz. Die Menge E_ρ der Rechtsidentitäten modulo ρ ist eine Unterhalbgruppe, ebenso die Klasse ρe .
Ferner ist E_ρ Vereinigung von Klassen nach ρ , d.h. mit ρ verträglich.
(Zeige: $\rho f \cap E_\rho \neq \emptyset \to \rho f \subset E_\rho$).
Ist $e \in E_\rho$ und $fe \in E_\rho$, so auch $f \in E_\rho$.

4. Sei $s \in {}_F S$ und $f \rho_s h :\Leftrightarrow fs = hs$. Man zeige

   a) $n \in \mathfrak{A}(\rho_s)$ genau dann, wenn $\rho_s \subset \rho_{ns}$

   b) Ist $n \in \mathfrak{A}(\rho_s)$, so gibt es ein $\varphi \in \text{Hom}_F(F/\rho_s, F/\rho_s)$ derart, daß $\varphi(F/\rho_s) \simeq F/\rho_{ns}$.

10. Irreduzible Semimoduln

Über irreduzible Semimoduln lassen sich unter verhältnismäßig schwachen Voraussetzungen ziemlich starke Strukturaussagen machen. Sie sind daher theoretisch am ergiebigsten, erweisen sich aber auch im Hinblick auf die Theorie der Automaten (III. Kapitel) als wesentlich.

Ein irreduzibler Semimodul $_F S$ ist, weil ja $Fs = S$ für alle $s \in S$ gilt (Satz (6.6)), erst recht streng zyklisch. Die Ergebnisse des letzten Abschnitts sind daher auch hier anwendbar. So ist $_F S \simeq F/\rho$ für eine modulare Linkskongruenz ρ ; doch nicht jede solche Linkskongruenz liefert einen irreduziblen Semimodul, vielmehr bedarf es noch einer Zusatzbedingung, die man wie folgt erhält. Ist e eine Rechtseins modulo ρ , so ist $\rho e \in F/\rho$ ein erzeugendes Element von F/ρ . Erzwingt man also, daß ρe von jedem ρf aus "erreichbar" ist, so ist F/ρ auch irreduzibel. Das heißt aber, zu jedem $f \in F$ muß es ein $h \in F$ geben, so daß $h \cdot \rho f = \rho e$ ist. Damit gilt:

(10.1) <u>Satz</u>. Ist ρ eine Linkskongruenz in F , so ist $_F(F/\rho)$ irreduzibel genau dann, wenn ρ modular ist mit e als Rechtseins modulo ρ und wenn es zu jedem $f \in F$ ein $h \in F$ gibt mit $hf \in \rho e$.

Da ρe eine Unterhalbgruppe ist (vgl. Übung (9.3)), stellt die Zusatzbedingung eine Forderung an Unterhalbgruppen dar, die jedoch recht unübersichtlich ist (vgl. Übung (10.2)).

Die Sätze des vorigen Abschnitts gelten natürlich auch für irreduzible Semimoduln, jedoch kann man nun aufgrund von Satz (7.4) etwas mehr über die Struktur von $\text{Hom}_F(_F S, _F S)$ aussagen:

(10.2) <u>Satz</u>. Sei $_FS$ ein irreduzibler F-Semimodul und bezeichne

$$A := \{\alpha \in \text{Hom}_F(_FS,_FS) : \alpha \text{ injektiv}\}$$

$$H := \text{Hom}_F(_FS,_FS) \setminus A , \text{ so gilt:}$$

1. $\text{Hom}_F(_FS,_FS) = A \cup H$
2. A ist Untergruppe von $\text{Hom}_F(_FS,_FS)$
3. H ist ein zweiseitiges Ideal in $\text{Hom}_F(_FS,_FS)$.

Beweis: 2. Der identische Endomorphismus 1_S ist injektiv, also $1_S \in A$. Sind $\alpha, \beta \in A$, so ist natürlich auch $\alpha \cdot \beta$ injektiv, d.h. A ist Halbgruppe. Ist $\alpha \in A$ injektiv, so ist es nach Satz (7.4) auch bijektiv, d.h. es gibt eine Umkehrabbildung α^{-1} mit $\alpha^{-1} \cdot \alpha = 1_S$ und es ist $\alpha^{-1} \in \text{Hom}_F(_FS,_FS)$. Da α^{-1} ebenfalls bijektiv ist, gilt $\alpha^{-1} \in A$. A ist also nach Definition (1.6) eine Gruppe.

3. Ist $\eta \in H$ nicht injektiv, so sind es weder $\epsilon \cdot \eta$ noch $\eta \cdot \epsilon$ für beliebiges $\epsilon \in \text{Hom}_F(_FS,_FS)$.

Wie schon im Anschluß an Satz (7.4) erwähnt, ist für endliche Semimoduln S natürlich $H = \emptyset$, denn dann ist eine surjektive Abbildung $\epsilon : S \to S$ auch bijektiv. Aber nicht nur dann! Wir werden später deutlicher zeigen können, woran es liegt, wenn $H = \emptyset$ ist. Immerhin mag es befremdlich erscheinen, daß es Epimorphismen von $_FS$ auf $_FS$ gibt, d.h. daß $H \neq \emptyset$ ist, doch entspringt dieses Befremden der Übertragung unserer Vorstellungen über endliche Mengen auf nichtendliche Mengen.

Zu Beginn des letzten Abschnitts diskutierten wir kurz, ob Semimoduln mit den Linksidealen von F verglichen bzw. durch sie charakterisiert werden können, stießen jedoch auf die Schwierigkeit, daß die Homomorphismen i.a. Abbildungen in S sind. Das ändert sich jetzt, vermöge

(10.3) <u>Satz</u>. Sei $_FS$ ein irreduzibler F-Semimodul, dann gilt:

1. Für jedes Linksideal $I \subset F$ ist $_FS$ homomorphes Bild von $_FI$.

2. Ist $_FS$ treu für F, so ist für jedes Linksideal $I \subset F$ auch $_FI$ treu für F.

Beweis: 1. Ist $I \subset F$ ein Linksideal, so ist die Menge Is ein Untersemimodul von $_FS$ für jedes $s \in S$, und, da $_FS$ irreduzibel, gilt Is = S. Infolgedessen ist der durch $\varphi(i) := is$ $(i \in I)$ definierte Homomorphismus $\varphi : {_FI} \to {_FS}$ surjektiv.

2. Sei $f_1 i = f_2 i$ für alle $i \in I$, dann ist auch $f_1 is = f_2 is$ für alle $i \in I$ und $s \in S$. Da Is = S, heißt das aber $f_1 s = f_2 s$ für jedes $s \in S$, und mit der Treue von $_FS$ für F folgt $f_1 = f_2$. Also ist $_FI$ ebenfalls treu für F.

Der bewiesene Satz läßt einem nun die Freiheit, sich das "geeignetste" Linksideal I herauszusuchen und $_FS$ als dessen homomorphes Bild zu untersuchen. Hat man sonst kein Auswahlkriterium, so nimmt man die minimalen Linksideale von F, sofern es sie überhaupt gibt, und diese Vorgehensweise ist in gewissem Sinne auch natürlich, denn die minimalen Linksideale sind ja selbst irreduzible F-Semimoduln.

Um die Existenz von minimalen Linksidealen in F sicherzustellen, wollen wir ab jetzt voraussetzen, daß die Minimalbedingung für Links- und Rechtsideale in F erfüllt ist. Damit können wir auf die Ergebnisse des Abschnitts 3 zurückgreifen.

Zunächst genügt es, ein minimales L_λ für die Untersuchung heranzuziehen, denn definiert man eine Abbildung

$$\psi : L_\lambda \to L_\mu$$

durch

$$\psi(l) := l1_\mu \quad (l \in L_\lambda),$$

wobei $l_\mu \in L_\mu$ fest ist, so ist, wegen $\psi(fl) = fll_\mu =$
$= f\psi(l)$, sicherlich $\psi \in \mathrm{Hom}_F({}_F L_\lambda, {}_F L_\mu)$ surjektiv und, wegen Satz (3.15), sogar bijektiv. Also gilt

$$_F L_\lambda \simeq {}_F L_\mu$$

als F-Semimoduln.

Entsprechend Gleichungen (3.13) und (3.14) kann man L_λ zerlegen:

(10.4) $$L_\lambda = \bigcup_{\sigma \in P} e_{\sigma\lambda} G_{\sigma_0 \lambda} ,$$

wobei $\sigma_0 \in P$ beliebig aber fest gewählt ist. Man sieht daraus, und unter Beachtung von (3.12), daß jede Einheit $e_{\sigma\lambda}$ ($\sigma \in P$) eine Rechtseins von L_λ ist: $le_{\sigma\lambda} = l$ für jedes $l \in L_\lambda$. Ist daher

$$\varphi : {}_F L_\lambda \to {}_F S$$

irgendein Homomorphismus, so gilt für $s_0 := \varphi(e_{\sigma_0\lambda})$

(10.5) $$\varphi(l) = ls_0 \quad (l \in L_\lambda) ,$$

da ja $\varphi(l) = \varphi(le_{\sigma_0\lambda}) = l\varphi(e_{\sigma_0\lambda})$ ist.

Die Homomorphismen sind also generell schon durch die Semimoduloperation $(f,s) \to fs$ festgelegt im Gegensatz zu den zyklischen Semimoduln (Abschnitt 9).

Der Homomorphismus (10.5) induziert eine Kongruenz

$$l_1 \rho l_2 :\Leftrightarrow l_1 s_0 = l_2 s_0$$

in dem F-Semimodul ${}_F L_\lambda$, und diese Kongruenz ist auch eine Linkskongruenz in dem als Halbgruppe betrachteten Linksideal L_λ (Man achte dabei auf den kleinen Unterschied in der Sprechweise!). Wir können daher den Normalisator von ρ innerhalb L_λ bilden:

$$\mathfrak{N}(\rho) := \{n \in L_\lambda : \forall l \in L_\lambda : (\rho l)n \subset \rho(ln)\} .$$

Die Linkskongruenz ρ ist auch modular, denn $e_{\sigma_0\lambda}$ ist als Rechtseins von L_λ erst recht eine Rechtsidentität modulo ρ (vgl. Definition (9.2)).

Völlig analog zu Abschnitt 9 zeigt man dann, daß durch

$$(\rho l)\varepsilon_n := \rho(ln)$$

mit $n \in \mathfrak{A}(\rho)$ ein Element

$$\varepsilon_n \in \mathrm{Hom}_F({}_F(L_\lambda/\rho),{}_F(L_\lambda/\rho))$$

definiert ist und daß man so auch alle Endomorphismen erhält: $\mathrm{Hom}_F({}_F(L_\lambda/\rho),{}_F(L_\lambda/\rho))$ bzw. $\mathrm{Hom}_F({}_FS,{}_FS)$ ist homomorphes Bild der Halbgruppe $\mathfrak{A}(\rho)$.
Außerdem gilt an Stelle von (9.9) die Beziehung

(10.6) $\varepsilon_{n_1} = \varepsilon_{n_2} \iff (e_{\sigma_0\lambda}n_1)\, \rho\, (e_{\sigma_0\lambda}n_2)$ $(n_1, n_2 \in \mathfrak{A}(\rho))$.

Im Satz (9.10) wurde gezeigt, daß schon eine bestimmte Unterhalbgruppe von $\mathfrak{A}(\rho)$, nämlich $\mathfrak{A}_e(\rho)$ dafür ausreiche, die Endomorphismen zu bestimmen, und das wird hier im speziellen Fall auch zutreffen. Doch können wir hier noch weiter einschränken.

War in Satz (9.10) die Beziehung (en) ρ n maßgebend für die Bildung von $\mathfrak{A}_e(\rho)$, so definieren wir jetzt

$$\mathfrak{A}_{\sigma_0\lambda}(\rho) := \{n \in \mathfrak{A}(\rho)\,:\, e_{\sigma_0\lambda}n = n\}\,.$$

Schreibt man, entsprechend (10.4), n in der Form $n = e_{\sigma\lambda}g$ mit $g \in G_{\sigma_0\lambda}$, so ist $e_{\sigma_0\lambda}n = (e_{\sigma\lambda}e_{\sigma_0\lambda})g = g$ unter Benützung von (3.12). $e_{\sigma_0\lambda}n = n$ bedeutet also $n \in G_{\sigma_0\lambda}$ und wir haben

$$\mathfrak{A}_{\sigma_0\lambda}(\rho) = \mathfrak{A}(\rho) \cap G_{\sigma_0\lambda}\,.$$

Da $\mathfrak{A}(\rho)$ eine Unterhalbgruppe und $G_{\sigma_0\lambda}$ eine Untergruppe von F ist, ist $\mathfrak{A}_{\sigma_0\lambda}(\rho)$ nach dieser Gleichung zumindest eine Unterhalbgruppe von F. Die Idempotenz von $e_{\sigma_0\lambda}$ bedingt trivialerweise $e_{\sigma_0\lambda}(e_{\sigma_0\lambda}n) = (e_{\sigma_0\lambda}n)$, weshalb man auch noch

(10.7) $$\mathfrak{A}_{\sigma_0\lambda}(\rho) = e_{\sigma_0\lambda} \cdot \mathfrak{A}(\rho)$$

schreiben kann, welche Gleichung schließlich zeigt, daß $\mathfrak{A}_{\sigma_0\lambda}(\rho)$ nicht leer ist. Wendet man (10.6) auf die Elemente n, $e_{\sigma_0\lambda}n$ an, so lautet die rechte Seite von (10.6) $(e_{\sigma_0\lambda}n) \rho (e_{\sigma_0\lambda}(e_{\sigma_0\lambda}n))$, was infolge der Idempotenz von $e_{\sigma_0\lambda}$ für jedes n zutrifft. Daher gilt

$$\varepsilon_n = \varepsilon_{e_{\sigma_0\lambda}n}$$

für alle $n \in \mathfrak{A}(\rho)$, und wir erhalten aufgrund von (10.7) bereits alle Endomorphismen ε_n wenn wir uns auf $\mathfrak{A}_{\sigma_0\lambda}(\rho)$ beschränken. Mithin ist $\mathrm{Hom}_F({}_F(L_\lambda/\rho), {}_F(L_\lambda/\rho))$ schon homomorphes Bild der Halbgruppe $\mathfrak{A}_{\sigma_0\lambda}(\rho)$. Betrachten wir nun noch (10.6) beschränkt auf $\mathfrak{A}_{\sigma_0\lambda}(\rho)$, so gilt

$$\varepsilon_{n_1} = \varepsilon_{n_2} \Leftrightarrow n_1 \rho n_2 \qquad (n_1, n_2 \in \mathfrak{A}_{\sigma_0\lambda}(\rho)),$$

da ja hier $n = e_{\sigma_0\lambda}n$ ist.

Fassen wir das Bisherige zusammen, so haben wir

(10.8) <u>Satz</u>. Sei F eine Halbgruppe, die die Minimalbedingung für Rechts- und Linksideale erfüllt, und sei ${}_FS$ ein irreduzibler F-Semimodul.

1. Alle minimalen Linksideale von F sind als F-Links-Semimoduln paarweise isomorph:

$${}_FL_\lambda \simeq {}_FL_\mu \qquad (\lambda, \mu \in \Lambda)$$

2. ${}_FS$ ist homomorphes Bild von ${}_FL_\lambda$ und jeder Homomorphismus

$$\varphi : {}_FL_\lambda \to {}_FS$$

ist durch

$$\varphi(1) = 1s_0$$

mit

$$s_0 := \varphi(e_{\sigma_0 \lambda})$$

gegeben ($\sigma_0 \in P$ beliebig, fest).

3. Ist ρ die durch den Homomorphismus φ in der Halbgruppe L_λ induzierte Linkskongruenz und sei

$$\mathfrak{A}_{\sigma_0 \lambda}(\rho) := \mathfrak{A}(\rho) \cap G_{\sigma_0 \lambda} ,$$

so gilt

$$\mathfrak{A}_{\sigma_0 \lambda}(\rho)/\overline{\rho} \simeq \mathrm{Hom}_F({}_F(L_\lambda/\rho), {}_F(L_\lambda/\rho)) \simeq \mathrm{Hom}_F({}_F S, {}_F S) ,$$

wobei $\overline{\rho}$ die Einschränkung von ρ auf $G_{\sigma_0 \lambda}$ ist.

Im Hinblick auf Satz (10.2) wäre es nun von Interesse festzustellen, wann $\mathfrak{A}_{\sigma_0 \lambda}(\rho)$ und damit auch $\mathrm{Hom}_F({}_F S, {}_F S)$ eine Gruppe ist. Da $\mathfrak{A}_{\sigma_0 \lambda}(\rho)$ Unterhalbgruppe einer Gruppe ist, trifft dies sicher dann zu, wenn $G_{\sigma_0 \lambda}$ endlich ist (vgl. Satz (1.10)). Allerdings kann man ohne nähere Kenntnis der Struktur von ρ auch keine weiteren Aussagen machen, die diese Frage betreffen.

Die nächste Frage betrifft die Treue von ${}_F S$ für F. Soll ${}_F S$ treu für F sein, so muß zunächst ${}_F L_\lambda$ treu für F sein wegen Satz (10.3). Für letzteres können im endlichen Fall Kardinalitätsbedingungen angegeben werden (vgl. Übung (10.8)); damit dann auch ${}_F S$ treu für F ist, sind Forderungen an ρ zu stellen, die ihrerseits auch nur eine Umformulierung der Treuebedingung sind und keine weitere Einsicht liefern.

Betrachten wir nun den ersten Sonderfall, nämlich daß

$$_F L_\lambda \simeq {}_F S$$

ist, dann ist ρ die identische Relation und infolgedessen $\mathfrak{A}(\rho) = L_\lambda$. Die dritte Aussage des letzten Satzes liefert

damit
$$G_{\sigma_0 \lambda} \simeq \mathrm{Hom}_F({}_F L_\lambda, {}_F L_\lambda) \ .$$

Der nächste Sonderfall betrifft die Gruppen. Ist F eine Gruppe, so ist F das einzige Linksideal und das einzige Rechtsideal, die Minimalbedingungen sind trivialerweise erfüllt und es gilt somit

$$F = G_{\sigma_0 \lambda} = L_\lambda \ .$$

Die Linkskongruenz ρ ist nunmehr, nach den Überlegungen im Abschnitt 5 , schon durch die Untergruppe

$$H_{s_0} := \rho 1$$

bestimmt. Gleichung (10.5) auf diesen Fall angewandt, besagt

$$f \in H_{s_0} \iff f s_0 = s_0 \ ,$$

denn $f \rho 1$ heißt danach $\varphi(f) = \varphi(1)$, also $f s_0 = 1 s_0 =$ $= s_0$. H_{s_0} bezeichnet man daher als die *Fixgruppe* von s_0 in F (vgl. Übungen (10.5) und (10.6)). Die irreduziblen Semimoduln sind im Gruppenfall durch die Untergruppen gänzlich charakterisiert.

Für die Endomorphismenhalbgruppen gilt entsprechend unserem letzten Satz

$$\mathfrak{A}(\rho)/\rho \simeq \mathrm{Hom}_F({}_F(F/\rho), {}_F(F/\rho)) \simeq \mathrm{Hom}_F({}_F S, {}_F S) \ ,$$

woraus man, zumindest für endliche Gruppen,

$$\mathfrak{A}(H_{s_0})/H_{s_0} \simeq \mathrm{Hom}_F({}_F S, {}_F S)$$

erhält. Der Satz (5.17) stellt den genaueren Zusammenhang zwischen $\mathfrak{A}(\rho)$ und $\mathfrak{A}(H_{s_0})$ einerseits und dem Satz (10.2) andererseits her. Speziell die Übung (5.3) gibt also Anhaltspunkte, wann die Endomorphismenhalbgruppen von irreduziblen Gruppensemimoduln ihrerseits wieder Gruppen sind.

Für abelsche Gruppen wird die Frage nach den Endomorphismen trivial, denn hier ist $\mathfrak{A}(\rho) = F = \mathfrak{A}(H_{s_0})$, da ja ohnehin jedes Element mit jedem kommutiert.

Schließlich kann man im Gruppenfall die Frage nach der Treue von $_FS$ für F beantworten. Treusein heißt ja hier, daß die Abbildung $s \mapsto fs$ nur dann die identische ist, wenn $f = 1$. Da $_FS \simeq {}_F(F/\rho)$, heißt das, daß aus $fgH_{s_0} = gH_{s_0}$ für jedes $g \in F$ auch $f = 1$ folgen muß.

Da $fgH_{s_0} = gH_{s_0}$ gleichbedeutend ist mit $f \in gH_{s_0}g^{-1}$, ist $_FS$ treu für F genau dann, wenn

$$\nu(H_{s_0}) := \bigcap_{f \in F} fH_{s_0}f^{-1} = \{1\} .$$

$\nu(H_{s_0})$ ist aber ein Normalteiler in F und zwar der größte, der in H_{s_0} enthalten ist; folglich besagt die Bedingung, daß H_{s_0} keinen Normalteiler von F mehr enthalten darf, wenn $_FS$ treu für F sein soll. Da in abelschen Gruppen jede Untergruppe Normalteiler ist, ist hier jeder treue und irreduzible Semimodul isomorph mit $_FF$.

Nachdem die irreduziblen F-Semimoduln derart auf die Struktur von F abgestützt werden konnten, kann man unschwer gleiches mit den vollreduziblen Semimoduln tun, denn sie sind ja direkte Summen irreduzibler (Satz (8.10)). Schwierigkeiten prinzipieller Art treten allerdings dann mit der Behandlung der Endomorphismen auf, weil nunmehr auch die Homomorphismen der verschiedenen irreduziblen Bestandteile untereinander mitberücksichtigt werden müssen, und deshalb keine allgemeinen Aussagen mehr möglich sind.

Zum Abschluß sei noch eine Folgerung aus Satz (10.3) angegeben, die allerdings auch auf anderem Wege und unter anderen Voraussetzungen bewiesen werden kann.

(10.9) <u>Satz</u>. F erfülle die Minimalbedingung für Rechts- und Linksideale, dann gilt: Ist F abelsch und gibt es einen irreduziblen Semimodul $_FS$, der treu für F ist, so ist F eine Gruppe.

Beweis: Da F abelsch ist, folgen mit (3.12)

$$e_{\rho\mu} = e_{\rho\lambda}e_{\rho\mu} = e_{\rho\mu}e_{\rho\lambda} = e_{\rho\lambda}$$

$$e_{\sigma\lambda} = e_{\sigma\lambda}e_{\rho\lambda} = e_{\rho\lambda}e_{\sigma\lambda} = e_{\rho\lambda} \; ,$$

also ist $e_{\rho\mu} = e_{\sigma\lambda}$ für alle $\rho,\sigma \in P$ und $\mu,\lambda \in \Lambda$. Folglich ist $K = G_{\sigma_0\lambda_0}$ das einzige minimale Linksideal und gleichzeitig Gruppe. Da $_F S$ irreduzibel und treu für F ist, liefert Satz (10.3), daß $_F K$ treu für F ist. Für $f \in F$ ist $fe_{\sigma_0\lambda_0} \in G_{\sigma_0\lambda_0}$, da K Linksideal ist, d.h. $fe_{\sigma_0\lambda_0} = g_0$ mit $g_0 \in G_{\sigma_0\lambda_0}$, weshalb $fg = (fe_{\sigma_0\lambda_0})g = g_0 g$ für jedes $g \in G_{\sigma_0\lambda_0}$ gilt. Die Treue von $_F K$ liefert aber dann $f = g_0$, d.h. $f \in G_{\sigma_0\lambda_0}$ oder $F = G_{\sigma_0\lambda_0}$.

Übungen zu 10.

1. Sei F die additive Halbgruppe der natürlichen Zahlen und $n_1 \rho n_2 :\Leftrightarrow n_1 \equiv n_2(q)$ $(n_1, n_2, q \in \mathbb{N})$, so ist der Quotientensemimodul $F/\rho = \{\overline{1}\ \overline{2}, \ldots, \overline{q}\}$ irreduzibel und F enthält kein minimales Linksideal.

2. Für eine beliebige Abbildung $\varphi : F \to F$ sei $U_\varphi := \{\varphi(f) \cdot f : f \in F\}^*$ die von allen $\varphi(f)f$ erzeugte Unterhalbgruppe, dann sind für jede Unterhalbgruppe U die folgenden Aussagen äquivalent:
   a) es gibt ein φ derart, daß $U_\varphi \subset U$
   b) zu jedem $f \in F$ existiert ein $h \in F$ mit $hf \in U$.

3. Sei $_F S$ irreduzibel und $I_1, I_2 \subset F$ Linksideale mit $I_1 \subset I_2$, so gibt es Homomorphismen φ_1, φ_2 derart, daß das Diagramm

   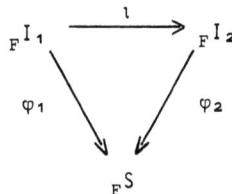

   kommutativ wird (ι: Inklusionsabbildung): man kann φ_1 fortsetzen zu φ_2.

4. Zeige $e_{\sigma\lambda} \mathfrak{A}_{\sigma_0 \lambda}(\rho) = \mathfrak{A}_{\sigma\lambda}(\rho)$.

5. Ist F eine Gruppe und H_{s_0} die Fixgruppe von $s_0 \in {}_F S$, so gilt $H_{fs_0} = f H_{s_0} f^{-1}$.

6. Ist F eine Gruppe, so gilt $_F(F/\rho_1) \simeq {}_F(F/\rho_2)$ genau dann, wenn es ein $f \in F$ gibt mit $f(\rho_1 1) f^{-1} = \rho_2 1$.

7. Sei $_F S$ irreduzibel und $\varepsilon \in \operatorname{Hom}_F(_F S, _F S)$. Gibt es ein $s_0 \in S$ mit $s_0 \varepsilon = s_0$, so $\varepsilon = \operatorname{Id}_S$.

8. Sei F eine endliche Halbgruppe und ein minimales Linksideal L_λ treu für F, so gilt
   a) $\operatorname{card}(F) \leq (\operatorname{card}(P) \cdot \operatorname{card}(G_{\sigma\lambda}))^{\operatorname{card}(P)}$
   b) $\operatorname{card}(\Lambda) \leq (\operatorname{card}(P) \cdot \operatorname{card} G_{\sigma\lambda})^{\operatorname{card}(P)-1}$
   (Bezeichnungen: Abschnitt 3).

11. Konstruktion von Kongruenzen in Semimoduln

Gelegentlich und im Hinblick auf Abschnitt 16 ist es nötig, einige oder gar alle Kongruenzen eines Semimoduls zu bestimmen und damit auch einige oder alle homomorphen Bilder dieses Semimoduls. Mit den folgenden Sätzen soll dazu eine gewisse Hilfestellung gegeben werden, ohne daß jedoch eine vollständige Theorie angeboten werden kann, nicht einmal für die sonst theoretisch ertragreiche Klasse der irreduziblen Semimoduln. Der Grund für diesen Mangel an dieser Stelle ist einfach der, daß allgemeine Aussagen über solche Kongruenzen Aussagen über Verbände einer zwar speziellen, aber gleichwohl gering strukturierten Klasse von Verbänden sind, nämlich der Verbände der Kongruenzen.

In Abschnitt 7 wurde gesagt (unter Hinweis auf die Abschnitte 5 und 4), daß mit ρ und σ auch $\rho \cap \sigma$ und $\rho \sqcup \sigma$ Kongruenzen sind. Die Enthaltenseinsrelation $\rho \subset \sigma$ ist eine Ordnung in der Menge aller Kongruenzen eines Semimoduls und man kann zeigen, daß $\rho \cap \sigma$ das Infimum und daß $\rho \sqcup \sigma$ das Supremum von ρ, σ bezüglich dieser Ordnung ist. Mit diesem Hinweis auf die Verbandsstruktur wollen wir es auch bewenden lassen: weitere Sätze sind fast ausnahmslos Sätze über Kongruenzen in allgemeinen algebraischen Gebilden, sie sind wenig spezifisch für Semimoduln.

Der folgende Satz erlaubt es, unter Verwendung der Automorphismen eines Semimoduls sofort einen Teil seiner Kongruenzen zu kennzeichnen.

(11.1) <u>Satz</u>. Ist $\Delta \subset A(_F S)$ eine Untergruppe der Automorphismengruppe eines Semimoduls $_F S$, so ist die Relation

$$s \, \rho(\Delta) \, t \, :\!\Leftrightarrow \, \exists \delta \in \Delta : \, s\delta = t$$

eine Kongruenz in $_F S$.

Beweis: $\rho(\Delta)$ ist Äquivalenzrelation: Da $1 \in \Delta$, gilt $s \, \rho(\Delta) \, s$ für jedes $s \in S$, also ist $\rho(\Delta)$

reflexiv. Die Symmetrie von $\rho(\Delta)$ folgt aus der Existenz der Inversen zu δ : wenn $s_1\delta = s_2$, so ist $s_2\delta^{-1} = s_1$, d.h. aus $s_1 \rho(\Delta) s_2$ folgt $s_2 \rho(\Delta) s_1$. Die Transitivität bringt die Tatsache, daß Δ auch Halbgruppe ist: wenn $s_1\delta_1 = s_2$ und $s_2\delta_2 = s_3$, so ist $s_1\delta_1\delta_2 = s_3$ mit $\delta_1\delta_2 \in \Delta$. $\rho(\Delta)$ ist Kongruenz: Ist $s_1 \rho(\Delta) s_2$, so gilt $s_1\delta = s_2$ und folglich $(fs_1)\delta = fs_2$ für jedes $f \in F$, da $\delta \in A(_FS)$. Also $(fs_1) \rho(\Delta) (fs_2)$.

Die Klassen der Kongruenz $\rho(\Delta)$ sind nun gerade die Mengen $s\Delta$, d.h. die sogenannten Transitivitätsgebiete von Δ in S oder, wenn man will, die irreduziblen Δ-Rechts-Untersemimoduln des Δ-Rechts-Semimoduls S_Δ (vgl. Abschnitt 7) .

In der Gruppen- oder Ringtheorie können Kongruenzen (i.e. Äquivalenzrelation, die mit den Verknüpfungen verträglich sind) schon durch Untergruppen bzw. -ringe gekennzeichnet werden (vgl. auch Abschnitt 5). Kongruenzen von Semimoduln durch deren Unterstrukturen zu charakterisieren, ist — leider — nur in seltenen Ausnahmefällen möglich. Betrachtet man jedoch direkte Produkte, so erhält man einige Resultate, die zumindest für endliche Semimoduln eine systematische Erstellung der Kongruenzen und auch Homo- und Endomorphismen erlauben.

Die Grundlage dafür bildet eine Umdeutung des direkten Produktes $_FS \times _FT$ zweier Semimoduln $_FS$ und $_FT$. Ist $Q \subset S \times T$ ein Untersemimodul von $_FS \times _FT$, so heißt das, daß

(11.2) $\quad\quad (s,t) \in Q \rightarrow (fs,ft) \in Q$

für alle $f \in F$ gilt.
Andererseits aber, und darin besteht die Umdeutung, ist Q als Teilmenge von $S \times T$ zugleich eine zweistellige Relation auf $S \cup T$ (vgl. Abschnitt 4), die wegen (11.2) überdies verträglich mit den Semimoduloperationen in $_FS$ und $_FT$ ist (vergleiche auch die Definitionen (4.1) und (7.2)).

Ist nun $\varphi \in \text{Hom}_F({}_FS, {}_FT)$, so bildet die Menge

(11.3) $\qquad Q_\varphi := \{(s, \varphi(s)) : s \in S\}$

einen Untersemimodul von ${}_FS \times {}_FT$, da $f(s, \varphi(s)) = (fs, \varphi(fs)) \in Q$ ist. Über die Zuordnung $\varphi \mapsto Q_\varphi$ treten also alle Elemente von $\text{Hom}_F({}_FS, {}_FT)$ in ${}_FS \times {}_FT$ als Untersemimoduln auf, doch werden auf diese Weise nicht alle Untersemimoduln von ${}_FS \times {}_FT$ erreicht.

(11.4) <u>Satz</u>. Seien ${}_FS, {}_FT$ zwei Semimoduln und $Q \subset S \times T$ eine nichtleere Teilmenge, ferner sei φ definiert durch
$$\varphi(s) = t \; :\Leftrightarrow \; (s,t) \in Q \; ,$$
so ist $\varphi \in \text{Hom}_F({}_FS, {}_FT)$ genau dann, wenn
1. Q ein Untersemimodul von ${}_FS \times {}_FT$ ist und
2. Q, als Relation in $S \cup T$, die Bedingungen $V(Q) = S$ und $\text{card}(sQ) = 1$ erfüllt (vgl. Definition (4.5)).

Der einfache Beweis sei dem Leser überlassen (vgl. Übung (4.2)). Die Übungen (11.3) und (11.4) ergeben weitere Hinweise auf das Erfülltsein der zweiten Bedingung des letzten Satzes.

Sei nunmehr ${}_FT = {}_FS$, so treten nach dem Vorangegangenen alle Endomorphismen als Untersemimoduln in ${}_FS \times {}_FS$ auf, doch kann man nun etwas mehr über die Menge aller Untersemimoduln von ${}_FS \times {}_FS$ aussagen.
Um die folgenden Ergebnisse richtig einordnen zu können, ist es wesentlich, vor Augen zu haben, daß eine Teilmenge $Q \subset S \times S$ stets auch eine zweistellige Relation auf S repräsentiert und umgekehrt.
Sind Q und P zwei Untersemimoduln von ${}_FS \times {}_FS$, so sind es auch die Mengen $Q \cup P$ und $Q \cap P$, und letztere nur, wenn $Q \cap P \neq \emptyset$ (Satz (6.3)).

(11.5) <u>Satz</u>. Sind Q und P Untersemimoduln von $_FS \times {}_FS$, so sind es auch Q^c und $Q \circ P$ (vgl. Definition (4.2) und (4.3)).

Beweis: 1. Ist $(s,t) \in Q^c$, so $(t,s) \in Q$. Da Q Untersemimodul ist, gilt $(ft,fs) \in Q$ und damit $f(s,t) \in Q^c$ für alle $f \in F$.

2. Ist $(s,t) \in Q \circ P$, so heißt das, daß $(s,r) \in Q$ und $(r,t) \in P$ für ein $r \in S$. Da Q und P Untersemimoduln sind, gilt wiederum $(fs,fr) \in Q$ und $(fr,ft) \in P$, folglich $(fs,ft) =$ $= f(s,t) \in Q \circ P$, für alle $f \in F$.

Schließlich ist die Menge

$$S_0 := \{(s,s) : s \in S\}$$

ein Untersemimodul und daher bildet die Menge aller Untersemimoduln von $_FS \times {}_FS$ eine Halbgruppe unter "$\circ$", der Komposition von Relationen, die das Einselement S_0 hat. S_0 ist als Untersemimodul von $_FS \times {}_FS$ natürlich isomorph mit $_FS$. (Für weitere Beziehungen zwischen den Untersemimoduln von $_FS \times {}_FS$ vergleiche die Übungen zu Abschnitt 4).

Die zu (11.3) analoge Konstruktion für $\varepsilon \in \text{Hom}_F({}_FS, {}_FS)$ liefert auch hier einen Untersemimodul Q_ε, und die Zuordnung

$$\varepsilon \mapsto Q_\varepsilon := \{(s,s\varepsilon) : s \in S\}$$

ist eine injektive Abbildung, für die außerdem

$$Q_{\varepsilon_1} \cdot Q_{\varepsilon_2} = Q_{\varepsilon_1 \varepsilon_2}$$

gilt, wobei zu beachten ist, daß die Endomorphismen von rechts geschrieben werden. Die Abbildung $\varepsilon \mapsto Q_\varepsilon$ ist also ein Monomorphismus von der Endomorphismenhalbgruppe in die Halbgruppe der Untersemimoduln von $_FS \times {}_FS$.

Die Kongruenzen ρ auf $_FS$ erfüllen nun nach Definition (7.2) die Bedingung

$$(s,t) \in \rho \rightarrow (fs,ft) \in \rho ,$$

sie sind also, da $\rho \subset S \times S$, ebenfalls Untersemimoduln von $_FS \times _FS$. Kennt man daher alle Untersemimoduln von $_FS \times _FS$, so kennt man auch alle Kongruenzen auf $_FS$. Die folgenden Tatsachen sollen dazu beitragen, die mit der Aufstellung aller Untersemimoduln involvierte Arbeit zu vermindern.
Ist $Q \subset S \times S$ ein Untersemimodul von $_FS \times _FS$, so ist auch

$$\bar{Q} := Q \cup Q^c$$

nach den Sätzen (11.5) und (6.3) ein Untersemimodul. Setzt man, wie in Abschnitt 4,

$$\bar{Q}^0 := S_0 \quad , \quad \bar{Q}^{n+1} := \bar{Q} \cdot \bar{Q}^n ,$$

so bilden, wieder nach Satz (11.5), die Mengen $\bar{Q}^n$ Untersemimoduln und nach Satz (6.3) ist

$$\hat{Q} := \bigcup_{n \in \mathbb{N}} \bar{Q}^n$$

ebenfalls ein Untersemimodul von $_FS \times _FS$. Nun ist aber $\hat{Q}$ nichts anderes als die von Q erzeugte Äquivalenzrelation (vgl. Definition (4.7)), weshalb $\hat{Q}$ eine Kongruenz in $_FS$ ist.
Daß man so auch alle Kongruenzen erhält, ist daraus zu sehen, daß $\hat{Q} = Q$ gilt, falls Q selbst schon eine Kongruenz ist.

Soweit zur Theorie. Die effektive Bestimmung der Kongruenzen und Endomorphismen entlang dem aufgezeichneten Weg setzt natürlich zumindest die Endlichkeit von S (und von T) voraus. Um ferner die Eigenschaft, Untersemimodul zu sein, effektiv entscheiden zu können, muß man noch die Existenz eines endlichen Erzeugendensystems X der Halbgruppe F fordern. Denn, allgemein, ist eine Teilmenge $T \subset S$ genau dann Untersemimodul von $_FS$, wenn $XT \subset T$ für ein Erzeugendensystem X von F ist. Oder aber, wenn man kein solches X hat, so muß man die Übergangshalbgruppen $\overline{F}$ (vgl. (7.23)) kennen, denn Q ist Untersemimodul von $_FS \times _FS$ genau dann, wenn Q Untersemimodul von $_{\overline{F}}S \times _{\overline{F}}S$ ist (vgl. Übungen (7.10) und (7.11)).

In beiden genannten Fällen können die Untersemimoduln von $_FS \times _FS$ (bzw. von $_FS \times _FT$) effektiv berechnet werden, wobei wir allerdings die Frage nach einem effizienten Algorithmus ausklammern wollen, doch soll noch bemerkt werden, daß man nur diejenigen Untersemimoduln Q bestimmen muß, die $\cup$-irreduzibel, d.h. die nicht Vereinigung zweier anderer Untersemimoduln sind. Die übrigen ergeben sich dann durch systematische Vereinigungsbildung.

Und so verbleibt noch die Bestimmung von $\hat{Q}$. Eine Äquivalenzrelation und damit eine Kongruenz wird man sicher nie durch die Angabe der einzelnen Paare (s,t) $\in \hat{Q}$ charakterisieren, sondern durch die Angabe ihrer Klassen. Da andererseits Q von der Konstruktion von $_FS \times _FS$ her als Menge von Paaren vorliegt, entsteht die Frage, wie man aus den Paaren von Q die Klassen von $\hat{Q}$ erhält.

Die Frage wird durch die für alle t,r,s $\in$ S gültige Implikation

$$t \in \hat{Q}s \land ((t,r) \in Q \lor (r,t) \in Q) \rightarrow r \in \hat{Q}s$$

beantwortet, womit die Klasse $\hat{Q}s$ rekursiv durch Q aufgestellt werden kann.

Ist man nur an den Kongruenzen von S interessiert (und nicht an den Endomorphismen), so nutzt man ferner aus, daß auch $\overline{Q}$ die Kongruenz $\hat{Q}$ bestimmt: man symmetrisiert den Semimodul $_FS \times _FS$, indem man alle Paare (s,t),(t,s) identifiziert, d.h. (s,t) als *ungerichtetes* Paar ansieht, und verkürzt damit den Arbeitsaufwand bei der Erstellung der Untersemimoduln von $_FS \times _FS$ etwa um die Hälfte (vgl. Übung (11.5)).

Übungen zu 11.

1. Ist $_FS$ irreduzibel, so sind die Klassen von $\rho(\Delta)$ (vgl. Satz (11.1)) paarweise bijektiv aufeinander bezogen (benütze Übung (10.7)).

2. Beweise Satz (11.4).

3. Ist $_FS$ ein irreduzibler Semimodul, so gilt für jeden Untersemimodul Q von $_FS \times {_FS}$: $V(Q) = S$.

4. Ist $_FS$ ein irreduzibler Semimodul, Q ein Untersemimodul von $_FS \times {_FS}$, für den $card(sQ) = 1$ für alle $s \in S$ gilt, so ist Q irreduzibel.

5. Ist $_FS$ ein Semimodul, so ist die durch

    $(s,t) \; \sigma \; (s',t') \; :\Leftrightarrow \; (s=s' \wedge t=t') \vee (s=t' \wedge t=s')$

    gegebene Relation σ auf $S \times S$ eine Kongruenz auf $_FS \times {_FS}$. Welches sind die Untersemimoduln von $({_FS} \times {_FS})/\sigma$?

12. Darstellungen von Semimoduln

Mit dem Begriff Darstellung verbindet man in der Algebra stets eine "Konkretisierung" der abstrakten algebraischen Strukturen, die man gerade untersucht. Eine Darstellung ist so etwas wie ein Modell, zugleich aber auch die Handlung, die in der Aufstellung der Modellbeziehung besteht. Wenn man bei der Darstellung von Konkretisierung spricht, so schwingt die Vorstellung der Veranschaulichung mit — was immer in der Mathematik man als "anschaulich" bezeichnen mag.

Ein bekanntes Beispiel ist die Darstellung der Elemente einer (abstrakten) Gruppe durch (konkrete!) Matrizen. Diese sogenannte lineare Darstellung ist außerdem so beschaffen, daß für die darstellenden Matrizen $M(g)$ der Gruppenelemente g $M(g_1 g_2) = M(g_1) \cdot M(g_2)$ gilt, d.h. es liegt ein Homomorphismus vor. Darstellungen sind stets auch Homomorphismen, und das ist sinnvoll deshalb, weil man ja die algebraische Struktur des darzustellenden Objektes in dem darstellenden widergespiegelt finden möchte.

Eine erste Darstellung von Semimoduln ist die durch Graphen. Um hier die Darstellung zu definieren, müßte man erst präzisieren, was ein Graph ist, doch stellt man nach viel Formalismus fest, daß man sich im Kreis bewegt und lediglich alten Wein in neue Schläuche eingefüllt hat.

Demgemäß wollen wir bei dieser Darstellung informell vorgehen und motivierend erklären, was ein zu einem Semimodul $_FS$ gehöriges *Übergangsdiagramm* ist: man sieht die Elemente von S als "Punkte" (der Ebene, oder irgendeiner berandeten oder unberandeten Fläche irgendeines Geschlechts) an und sagt, ein mit f "gefärbter" "Pfeil" gehe vom "Punkt" s_1 zum "Punkt" s_2 genau dann wenn $fs_1 = s_2$.

Solange S nicht "zuviel" Elemente enthält, kann man die Punkte tatsächlich markieren und gemäß unserer Vorschrift durch Pfeile verbinden. Wo S zu "groß" ist, wird man ein klar erkennbares gesetzmäßiges Fortschreiten durch die bekannten drei Pünktchen andeuten. Wo auch diese Möglichkeit versagt — z.B. F = orthogonale Gruppe in 2 Dimensionen und

$S = \{(x,y) : x^2 + y^2 = 1\}$ — nützt auch der Übergangsgraph nichts mehr, er wird zur façon de parler. Einsparen kann man auf der Seite der Pfeile und dies gelegentlich recht drastisch. Ist etwa $f = gh$, so kann man in dem Diagrammausschnitt

$$\begin{array}{c} S_1 \xrightarrow{h} S_2 \\ {}_f \searrow \swarrow {}_g \\ S_3 \end{array}$$

den mit f markierten Pfeil offensichtlich weglassen und die Hintereinanderschaltung von Pfeilen dem Produkt ihrer Markierungen gleichsetzen. Man sieht ja ein solches Diagramm stets in diesem Sinne transitiv, ja, wenn man es nicht wünscht, daß es so gesehen wird, muß es ausdrücklich betont werden.

Das Ergebnis ist: ist $X \subset F$ ein Erzeugendensystem von F, so kann man sich mit den Pfeilen begnügen, die mit $x \in X$ markiert sind. Dazu ein Beispiel:

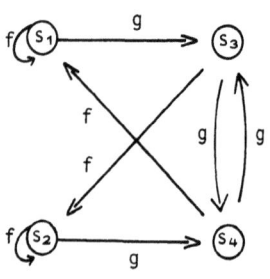

						f	g	h	k
S_1	S_2	S_3	S_4						
S_1	S_2	S_2	S_1	f		f	h	h	f
S_3	S_4	S_4	S_3	g		g	k	k	g
S_2	S_1	S_1	S_2	h		h	f	f	h
S_4	S_3	S_3	S_4	k		k	g	g	k

$X = \{f, g\}$

Mit Übergangsdiagrammen, soweit sie schon anschaulich sind, kann man sich die Automorphismen von ${}_F S$ veranschaulichen: Sie sind gerade die Decktransformationen des Diagramms, Transformationen also, die die Pfeile samt Markierungen zur

Deckung bringen. Im vorigen Beispiel besteht die Automorphismengruppe aus zwei Elementen: der Identität und der Permutation $\varepsilon = (s_1 s_2)(s_3 s_4)$ (in Zyklenschreibweise). Mit etwas Übung und gelegentlichem Umzeichnen der Diagramme kann man aus ihnen die Automorphismengruppe "ablesen".

Wenden wir uns nach diesem informellen Teil anderen Darstellungen zu und charakterisieren die Typen von Semimoduln, durch die (abstrakte) Semimoduln $_F S$ dargestellt werden sollen.

T sei ein F-Semimodul $_F T$ und es werde die Menge T nunmehr mit mehr Struktur versehen. Zunächst sei

$$T = B^n$$

das n-fache kartesische Produkt der Menge B mit sich selbst. Ist nun

$$t = (b_1, b_2, \ldots, b_n)$$
$$t' = (b_1', b_2', \ldots, b_n') \qquad (b_i, b_i' \in B)$$

so bedeutet

$$ft = t',$$

daß die Komponenten von t', die b_i' nämlich, über f eindeutig durch die Komponenten b_i von t bestimmt sind:

$$b_i' = \mathfrak{F}_i(b_1, b_2, \ldots, b_n) \qquad i = 1 \ldots n .$$

Zu jedem $f \in F$ gehört in diesem Fall ein Satz von Koordinatenfunktionen

$$\mathfrak{F}_i : B^n \to B ,$$

die die Beziehung $ft = t'$ komponentenweise beschreiben. Eine solche komponentenweise Beschreibung hat insbesondere dann einen Sinn, wenn es eine endliche Funktionalbasis für die $\mathfrak{F}_i$ gibt, d.h. eine endliche Menge von Funktionen, aus

denen alle $\mathcal{F}_i$ zusammengesetzt werden können. Das ist z.B.
für endliche Mengen B der Fall (vgl. Übung (12.2)) und
führt für eine zweielementige Menge B = {O,L} zur sogenannten *Schaltwerktheorie*, in welchem Fall z.B. die Konjunktion, die Disjunktion und die Negation zusammen eine solche Funktionalbasis bilden.

Ist nun $_FS$ ein Semimodul und

$$\varphi : \ _FS \to \ _FT$$

ein *injektiver* Homomorphismus, so spricht man von φ als von einer *Codierung* der Elemente von S durch Elemente von B ("state assignment").

Die zwei folgenden Typen der Darstellung sind Spezialisierungen des ebengenannten insofern, als für T ein n-dimensionaler Vektorraum

$$T = V^{(n)}$$

über einem Körper K zugrundegelegt wird und von den Koordinatenfunktionen $\mathcal{F}_i$ gefordert wird, daß sie linear oder aber inhomogen linear sind.

Im ersten Fall ist die Semimoduloperation $(f,t) \to ft$ durch

$$ft := M(f)t$$

gegeben, wobei $M(f)$ eine Matrix ist. Damit T zu einem Semimodul wird, muß die Zuordnung $f \mapsto M(f)$ ein Halbgruppenhomomorphismus sein:

$$M(f)M(g) = M(fg) \ .$$

Ist jetzt

$$\varphi : \ _FS \to \ _FT$$

wieder ein *injektiver* Homomorphismus, so nennt man den Semimodul $_FS$ *(rein)linear* durch $_FT$ dargestellt.

Im zweiten Fall wird $(f,t) \mapsto ft$ durch

(12.1) $$ft := M(f)t + t(f)$$

definiert mit vorgegebenen Zuordnungen $f \mapsto M(f)$, $f \mapsto t(f) \in T$. Um hier die Semimodulbedingung $g(ft) = (gf)t$ zu erfüllen, müssen die Bedingungen

(12.2)
$$t(gf) = M(g)t(f) + t(g)$$
$$M(g)M(f) = M(gf)$$

erfüllt sein. Aus der Schaltwerktheorie stammt zusätzlich zu (12.1) die weitere Forderung, daß für ein gegebenes Erzeugendensystem $X \subset F$ gilt:

$$x_1, x_2 \in X \to M(x_1) = M(x_2),$$

die Matrix M also konstant auf X ist. Gibt es in diesem Fall einen *injektiven* Homomorphismus

$$\varphi : {}_F S \to {}_F T$$

so heißt ${}_F S$ *(inhomogen) linear* dargestellt.

Wie kommt man nun für einen beliebigen Semimodul ${}_F S$ zu einer der drei genannten Darstellungen, d.h. wie gewinnt man aus ${}_F S$ den darstellenden Semimodul ${}_F T$?
Erster Fall: $T = B^n$. Wählt man irgendeine Injektion $\varphi : S \to T$, so lautet die Frage, wie kann T so zu einem F-Semimodul gemacht werden, daß $\varphi \in \mathrm{Hom}_F({}_F S, {}_F T)$ ist. Die Teilmenge

$$\varphi(S) = T' \subset T$$

wird durch die Festsetzung

$$f\varphi(s) := \varphi(fs)$$

zu einem F-Semimodul ${}_F T'$, doch ist damit noch nichts über ganz T gesagt, außer wenn T' = T selbst ist. Will man nämlich die Operation $(f,t) \mapsto ft$ auf ganz T ausdehnen, so ist die Struktur von F mitzuberücksichtigen. Lediglich für freie Halbgruppen läßt sich hier eine allgemeine Aussage machen.

(12.3) <u>Satz</u>. Sei F frei über X , $_F S$ ein F-Semimodul und
φ : S → T eine Injektion. Dann wird durch

$$xt := \begin{cases} \varphi(xs) & \text{falls } t = \varphi(s) \\ t' & \text{beliebig, sonst.} \end{cases}$$

und

$$(xu)t := x(ut) \quad (x \in X, u \in F, t \in T)$$

T zu einem F-Semimodul derart, daß $\varphi \in \text{Hom}_F(_F S, _F T)$ gilt.

Beweis: 1. Nach Satz (6.9) ist T damit ein F-Semimodul.

2. $\varphi \in \text{Hom}_F(_F S, _F T)$ folgt durch Induktion über die Länge $|f|$, wenn man berücksichtigt, daß $x\varphi(s) = \varphi(xs)$ für $x \in X$ gilt.

(In der englischen Literatur über Schaltwerktheorie werden die Elemente aus $T \setminus \varphi(S)$ sinnfällig als "don't cares" bezeichnet, weil hier die Zuordnung $(x,t) \mapsto xt$ beliebig gewählt werden kann und durch deren geschickte Wahl gelegentlich der Schaltungsaufwand reduziert werden kann.)

Die rein linearen und inhomogen linearen Darstellungen bedürfen zu ihrer Behandlung der linearen Algebra sowie der Theorie der Ringe und Moduln, so daß wir sie hier nicht weiter besprechen können (vgl. Übungen (12.2) und (12.3)).

Übungen zu 12.

1. Ist $B = \{0,1,2,\ldots,m\}$ eine endliche Menge und seien für $a,b \in B$ die folgenden Funktionen definiert:

$$g_k(b) := \begin{cases} 0 & \text{falls } b = k \\ m & \text{falls } b \neq k \end{cases} \quad (0 \leq k \leq m)$$

$$a \sqcap b := \min(a,b) \quad , \quad a \sqcup b := \max(a,b) ,$$

so kann jede Funktion $\mathfrak{F} : B^n \to B$ durch die Operationen $g_k, \sqcap, \sqcup$ dargestellt werden (POST'sche Algebren).

2. Sei F die zyklische Gruppe der Ordnung $q^n - 1$ und $q = p^m$ ($m,n,p \in \mathbb{N}$, p prim), so kann $_F F$ in einem n-dimensionalen Vektorraum über $GF(q)$ rein linear dargestellt werden.

3. Jede inhomogen lineare Darstellung der Dimension n kann als rein lineare Darstellung der Dimension $n + 1$ angesehen werden.
(Hinweis: untersuche die Matrix $\begin{pmatrix} M(f) & t(f) \\ 0 & 0 \end{pmatrix}$)

III. Kapitel:

Automaten

13. Einleitung und Motivierung

Historisch gesehen, hat die Automatentheorie ihren Ursprung in der Fernsprechvermittlungstechnik. Mit der Entwicklung der Selbstwählvermittlung gelangten immer kompliziertere Relaisschaltungen zur Anwendung und man kam frühzeitig zu der Erfahrung, daß solche Relaisschaltungen keineswegs immer das taten, was sie eigentlich hätten tun sollen. Hatte man erst den Grund für dieses Fehlverhalten aufgedeckt, so wurden in der Folge die gewonnenen Erkenntnisse dazu ausgenützt, Folgeschaltungen (so in der Vermittlungstechnik genannt) mit ihren reicheren Möglichkeiten zu entwickeln.

Der Grund aber für das Fehlverhalten liegt in der aus physikalischen Gründen stets vorhandenen zeitlichen Verzögerung, die ein Schaltelement — sei es nun ein Relais, eine Röhre oder ein Festkörperelement — zwischen den Vorgängen an seinem Eingang und seinem Ausgang bewirkt.

Mit der Entwicklung von digitalen Rechenanlagen — die ersten waren ebenfalls Relaismaschinen — gewann die theoretische Untersuchung von aus Schaltelementen bestehenden Schaltungen, den Schaltnetzen und Schaltwerken, erneut starkes Interesse, weil man glaubte und hoffte, vermittels theoretischer Einsichten den Entwurf der nun rapid komplexer werdenden Schaltwerke erleichtern zu können.

Von HUFFMANN's Untersuchungen an Relaisschaltungen war es nur noch ein Schritt zu folgendem allgemeinen Aufbau eines Schaltwerks, in welchem man sich die Verzögerungen bewirkenden Bestandteile konzentriert und systematisch plaziert denkt:

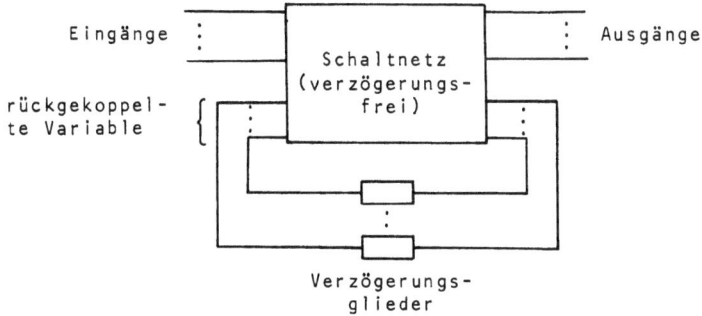

Dabei ist das Schaltnetz als verzögerungsfrei und ohne Rückkoppelungen anzusehen. Faßt man weiter abstrahierend, die möglichen Kombinationen der Werte an den Eingängen als Eingabezeichen, die der Werte an den Ausgängen als Ausgabezeichen und die der rückgekoppelten Variablen als Zustände des Schaltwerks auf, so hängt das momentane Ausgabezeichen vom wirkenden Eingabezeichen und vom momentanen Zustand ab; der Zustand selbst aber kann wieder vom Eingabezeichen beeinflußt und in einen anderen überführt werden!

Mit der Sprechweise von Funktionen und Abbildungen ausgedrückt, wird daher ein Schaltwerk in abstracto durch die folgenden fünf Objekte beschrieben:

X: Menge der Eingabezeichen oder Eingabealphabet
S: Menge der Zustände
O: Menge der Ausgabezeichen oder Ausgabealphabet
δ: X × S → S Zustandsübergangsfunktion, Überführungsfunktion
Λ: X × S → O Ausgabefunktion

In diesem Sinne soll das Quintupel

$$= <X, S, O, δ, Λ>$$

ein *Automat* heißen, doch soll dies erst eine vorläufige Definition sein, die in einem allgemeinen Automatenbegriff enthalten ist.

Man erhoffte sich, wie gesagt, von den theoretischen Erkenntnissen über Automaten eine Hilfe im Entwurf von Schaltwerken, mußte aber die Hoffnungen bald begraben. Die Anwendung der Automatentheorie auf reale Schaltwerke scheiterte in erster Linie an drei Umständen.

Der erste betrifft die astronomisch großen — aber endlichen! — Zustandszahlen, die schon für Rechenwerke in der Größenordnung $2^{40} - 2^{60}$ ($10^{12} - 10^{18}$) liegen und sich daher jeder praktischen Handhabung entziehen.

Der zweite ist sprachlicher Art: die Spezifikation der gewünschten Arbeitsweise eines Schaltwerks geschieht mehr oder weniger explizit in der Umgangssprache oder in einer teilformalisierten Sprache. Diese Sprachen in die Begriffe der Automatentheorie umzusetzen ist bisher noch nicht befriedigend gelungen. Allerdings hat BÜCHI eine Teilsprache des Prädikatenkalküls aufgewiesen, die als Spezifikationssprache den endlichen Automaten angemessen, ja ihnen in gewissem Sinne äquivalent ist.

Drittens hat die gegenwärtige Technologie der integrierten Schaltkreise die Kostenbewertung völlig verschoben: zählte man früher die einzelnen Schaltelemente eines Schaltwerks um dessen "Preis" zu bestimmen, so ist heute der Preis im wesentlichen proportional zu der Zahl der Anschlußdrähte, die an einem solchen integrierten Schaltkreis hingeführt werden müssen. War früher die Minimierung von Zuständen und Schaltfunktionen wenigstens noch sekundär, so ist sie heute nebensächlich. Wichtiger sind Fragen der Kreuzungsfreiheit von Verbindungen und eben die Anzahl der Anschlußverbindungen.

Diese Anmerkungen sollen helfen, die Automatentheorie ins rechte Licht zu rücken. Sie ist eine mathematische Theorie, die sich Verdienste um die Begriffsbildung und um die Aufdeckung der prinzipiellen Möglichkeiten erwarb. Sie hat enge Verbindung zur Theorie der formalen Sprachen und damit zu den Programmiersprachen. Sie soll nicht als praktikable Hilfswissenschaft für konkrete Schaltwerke verstanden werden, sondern als eine Grundlagentheorie.

Die Übergangsfunktion δ und die Ausgabefunktion Λ kann man nun in naheliegender Weise verallgemeinern. Gesetzt, der Automat α befinde sich im Zustand $s_1 \in S$ und $x_1 \in X$ sei das anliegende Eingangszeichen, so geht s_1 in den Zustand $s_2 = \delta(x_1,s_1)$ über und α gibt $o_1 = \Lambda(x_1,s_1)$ von sich. Legt man dann $x_2 \in X$ an, so geht er über in $s_3 = \delta(x_2,s_2)$ und gibt $o_2 = \Lambda(x_2,s_2)$ ab. Insgesamt ging also s_1 unter der Zeichenkette $x_2 x_1$ vom Zustand s_1 in $s_3 = \delta(x_2,\delta(x_1,s_1))$ über und gab die Zeichenkette $o_2 o_1 = \Lambda(x_2,\delta(x_1,s_1))\Lambda(x_1,s_1)$ ab.

Dementsprechend können wir δ und Λ auf alle möglichen Zeichenketten über X bzw. O , d.h. auf die Worthalbgruppen W(X) bzw. W(O) (Abschnitt 2), ausdehnen:

$$\delta^* : W(X) \times S \to S$$

$$\Lambda^* : W(X) \times S \to W(O) ,$$

was durch die folgenden rekursiven Definitionen geschieht:

(13.1)
$$\delta^*(x,s) := \delta(x,s) \qquad \delta^*(xu,s) := \delta(x,\delta^*(u,s))$$
$$\Lambda^*(x,s) := \Lambda(x,s) \qquad \Lambda^*(xu,s) := \Lambda(x,\delta^*(u,s))\Lambda^*(u,s),$$

wobei $u \in W(X)$ ist. (Der Beweis dafür, daß δ^* und Λ^* tatsächlich Funktionen sind, sei dem Leser überlassen.)

(13.2) <u>Satz</u>. Die Funktion δ^* ist eine Semimoduloperation im Sinne von Definition (6.1). Genauer gesagt, durch

$$us := \delta^*(u,s) \qquad (u \in W(X), s \in S)$$

wird S zu einem W(X)-Links-Semimodul.

Der Beweis des Satzes folgt unmittelbar aus (13.1) und Satz (6.9).

Durch Induktion zeigt man außerdem das folgende Gesetz über Λ^*.

(13.3) $\Lambda^*(uv,s) = \Lambda^*(u,vs)\Lambda^*(v,s)$ $(u,v \in W(X), s \in S)$.

Mit dem letzten Satz ist einerseits der Anschluß an die Semimoduln hergestellt und andererseits auch der Grund dafür gegeben, daß die Semimoduln für die Automatentheorie von Interesse sind.

Soweit geschildert, ist das die Auffassung, wie sie MEALY vertrat. Man nennt daher diesen Typ von Automaten auch MEALY-Automaten. Im Unterschied dazu betrachtete MOORE den scheinbar eingeschränkten Fall, daß das im Zustand s unter dem Eingabezeichen x abgegebene Ausgabezeichen nur vom "nächsten" Zustand, nämlich xs abhängt, d.h. es ist

(13.4) $\Lambda(x,s) = \mu(xs)$, $(x \in X, s \in S)$

wobei μ eine vorgegebene *Markierungsfunktion*

$$\mu : S \to O$$

der Zustände ist. Wir werden später einen Satz (Satz (14.15)) kennenlernen, der zeigt, daß der MOORE'sche Standpunkt für die "phänomenologische" Betrachtung der Automaten keine Einschränkung ist.

Mit Satz (13.2) und Gleichung (13.3) sind wir nunmehr in der Lage, den Automaten basisfrei, d.h. ohne Bezugnahme auf die

Erzeugendensysteme X und O der Halbgruppen W(X) bzw. W(O) zu formulieren. Die Vorteile einer basisfreien Betrachtung sind — schon aus notationellen Gründen — allgemein in der Mathematik anerkannt, so daß wir uns hier berechtigt fühlen, ebenso vorzugehen. Überdies brauchen wir uns dann auch nicht mehr auf freie Ein- und Ausgabehalbgruppen einzuschränken, sondern können beliebige Halbgruppen zulassen, wenn nur ein Analogon zu (13.3) erfüllt ist.

(13.5) <u>Definition</u>. Ein *Automat* ist das System

$$\alpha = \langle F, {}_F S, \lambda, A \rangle$$

wobei
    F,A Halbgruppen, die *Eingabe-* bzw. *Ausgabehalbgruppe*,

    ${}_F S$ ein F-Semimodul

und
    $\lambda : F \times S \to A$

die *Ausgabefunktion* ist, die der *Automatenbedingung*

$$\lambda(fg,s) = \lambda(f,gs)\lambda(g,s) \quad (f,g \in F, s \in S)$$

genügt. Die Elemente $s \in S$ heißen die *Zustände* von α.

Um es gleich vorwegzunehmen, wir werden die Definition in dieser Allgemeinheit nicht überall heranziehen können, sondern gelegentlich einschränkende Forderungen an die Eingabe- oder die Ausgabehalbgruppe stellen, jedoch stets so, daß der Fall der freien Ein- und Ausgabehalbgruppen mit erfaßt wird.

Die Automaten im üblichen Sinne sind dadurch ausgezeichnet, daß zusätzlich gilt

$$F = W(X) \quad , \quad A = W(O)$$

und $\quad \lambda(x,s) \in O$

für alle $x \in X$.

Schwieriger ist es schon, den MOORE'schen Standpunkt zu verallgemeinern. Dazu dient das folgende Resultat:

(13.6) <u>Satz</u>. In dem Automat $\mathcal{O}\!l$ sei $F = W(X)$, $A = W(0)$ und $\lambda(x,s) \in 0$ für alle $x \in X$ und $s \in S$ (d.h. $\mathcal{O}\!l$ ist Automat im gewöhnlichen Sinne). Dann sind äquivalent:

1. Es gibt eine Abbildung $\mu : S \to 0$ derart, daß $\lambda(x,s) = \mu(xs)$ gilt ($\mathcal{O}\!l$ ist vom MOORE'schen Typ)

2. λ hat die MOORE-*Eigenschaft*, d.h. es gilt, wenn immer $fs = gt$ ist, daß $\lambda(f,s)$ und $\lambda(g,t)$ einen gemeinsamen Linksteiler in $\lambda(F,S)$ haben.

Beweis: 1. $\to$ 2.: Seien $f = xu$, $g = yv$ Worte aus $W(X)$ mit $x,y \in X$ und $xus = yvt$, so gilt $\mu(xus) = \mu(yvt)$. Die Automatenbedingung für λ bringt $\lambda(xu,s) = \lambda(x,us)\lambda(u,s) = \mu(xus)\lambda(u,s)$
$\lambda(yv,t) = \lambda(y,vt)\lambda(v,t) = \mu(yvt)\lambda(v,t)$
es haben also $\lambda(xu,s)$ und $\lambda(yv,t)$ den gemeinsamen Linksteiler $\mu(xus) = \mu(yvt) \in \lambda(X,S) \subset 0$.

2. $\to$ 1.: Setzen wir

$$\mu(s) := \begin{cases} \lambda(x,t) & \text{falls } xt = s \\ \text{beliebig in } 0 & \text{sonst,} \end{cases}$$

so ist $\mu : S \to 0$ wohldefiniert, denn mit $s_1 = x_1 t_1 = x_2 t_2 = s_2$ haben $\mu(s_1) = \lambda(x_1,t_1), \mu(s_2) = \lambda(x_2,t_2)$ aufgrund der vorausgesetzten MOORE-Eigenschaft einen gemeinsamen Linksteiler in $\lambda(W(X),S)$, weshalb die Freiheit von $A = W(0)$ $\mu(s_1) = \mu(s_2)$ liefert.

Wir können daher diejenigen Automaten, deren Ausgabefunktion die genannte MOORE-Eigenschaft besitzt, als die Analoga der Automaten vom MOORE'schen Typ ansehen.

Wir wollen nun noch, analog Satz (6.9), ein Resultat formulieren, nach welchem eine Ausgabefunktion in verhältnismäßig weiten Grenzen beliebig gewählt werden kann, vorausgesetzt, daß F eine freie Halbgruppe ist.

(13.7) <u>Satz</u>. Ist $F = W(X)$, $_F S$ ein Semimodul, A eine Halbgruppe und

$$\lambda_0 : X \times S \to A$$

eine beliebige Abbildung, so gibt es genau eine Abbildung $\lambda : F \times S \to A$, welche die Automatenbedingung erfüllt und für die $\lambda | X \times S = \lambda_0$ ist, nämlich die Abbildung, die durch

$\lambda(x,s) := \lambda_0(x,s)$

$\lambda(xu,s) := \lambda_0(x,us)\lambda(u,s)$
$(x \in X, u \in F, s \in S)$

definiert ist.

Der Beweis dieses Satzes ist völlig analog dem des Satzes (6.9) und sei daher dem Leser überlassen.

Zum Schluß sei noch vermerkt, daß man den Automaten α als *streng zusammenhängend* bezeichnet, wenn $_F S$ irreduzibel ist. Die Klasse dieser Automaten spielt für die Schaltwerke eine besondere Rolle, denn man wird Schaltwerke meistens so auslegen, daß man von jedem Zustand in jeden anderen durch eine geeignete Kette von Eingabezeichen gelangen kann. Fangzustände, die, wenn sie einmal erreicht sind, im "normalen Betrieb" des Schaltwerks nie wieder verlassen werden können, oder Zustände die nie wieder erreicht werden können, wenn sie einmal verlassen sind, sind verhältnismäßig uninteressant.

Übungen zu 13.

1. Sei $A = LN(0)$ (vgl. Übung (1.5)) so gilt
   1. Ist $\mu : S \to 0$ beliebig und $\lambda(f,s) := \mu(fs)$ so ist $\alpha = \langle F, {}_F S, \lambda, A\rangle$ ein Automat.
   2. Ist $\alpha = \langle F, {}_F S, \lambda, A\rangle$ ein Automat, so gilt: Es gibt $\mu : S \to 0$ mit $\lambda(f,s) = \mu(fs)$ ⇔ λ hat die MOORE-Eigenschaft
   (Hinweis: Übung (1.6)).

2. Seien
   $$\alpha_1 = \langle W(X), {}_{W(X)}S, \lambda_1, W(0)\rangle$$
   $$\alpha_2 = \langle W(X), {}_{W(X)}S, \lambda_2, LN(0)\rangle$$
   zwei Automaten mit
   $$\lambda_1(x,s) = \lambda_2(x,s) \in 0$$
   für alle $x \in X$, $s \in S$, so gilt stets
   $$\lambda_2(xu,s) = \lambda_2(x,us)$$
   $$\lambda_1(xu,s) = \lambda_2(xu,s)\lambda_1(u,s), \quad (x \in X, u \in W(X), s \in S)$$
   d.h. $\lambda_2(u,s)$ ist das am weitesten links stehende Zeichen in $\lambda_1(u,s)$ oder das bei Eingabe der Kette u zuletzt von α_1 produzierte Zeichen.

14. Homomorphismen von Automaten

Mit der Einführung der dritten algebraischen Struktur müssen wir auch zum dritten Mal einen Homomorphiebegriff erklären. Er wird, entsprechend der Beteiligung zweier Halbgruppen und eines Semimoduls, in seiner allgemeinen Form kompliziert aussehen, wird aber im weiteren Verlauf nicht in dieser Allgemeinheit untersucht werden können

(14.1) <u>Definition</u>. Seien $\mathcal{O}\!\!\!\!l = <F, {}_F S, \lambda, A>$
$$\mathcal{O}\!\!\!\!l' = <F', {}_{F'}S', \lambda', A'>$$
zwei Automaten, so heißt das Tripel $(\varphi, \sigma, \alpha)$ von Abbildungen $\varphi : F \to F'$
$$\sigma : S \to S'$$
$$\alpha : A \to A'$$
ein *Homomorphismus* (von $\mathcal{O}\!\!\!\!l$ in $\mathcal{O}\!\!\!\!l'$), wenn gilt

1. φ, α sind Halbgruppenhomomorphismen
2. $\sigma(fs) = \varphi(f)\sigma(s)$
3. $\alpha(\lambda(f,s)) = \lambda'(\varphi(f), \sigma(s))$.

Das Paar (φ, σ) ist danach ein verallgemeinerter Semimodul-Homomorphismus im Sinne von Definition (7.25). Glücklicherweise kann das Tripel $(\varphi, \sigma, \alpha)$ in vielen Fällen als dreifaches Produkt von einfacheren Homomorphismen geschrieben werden.

(14.2) <u>Satz</u>. Ist $(\varphi, \sigma, \alpha) : \mathcal{O}\!\!\!\!l \to \mathcal{O}\!\!\!\!l'$ ein Homomorphismus derart, daß σ surjektiv ist, dann ist mit den Automaten $\mathcal{O}\!\!\!\!l_2 := <F, {}_F S, \lambda_2, A'>$, $\lambda_2(f,s) := \alpha[\lambda(f,s)]$
$\mathcal{O}\!\!\!\!l_3 := <F, {}_F S', \lambda_3, A'>$, $fs' := \varphi(f)s'$, $\lambda_3(f,s') := \alpha[\lambda(f,s)]$ für $s' = \sigma(s)$ das Diagramm

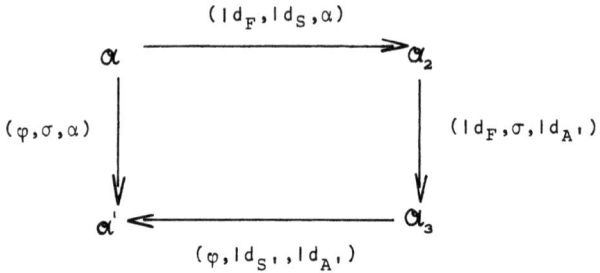

ein kommutatives Diagramm von Homomorphismen.

Beweis: Zuerst zeigen wir, daß α_2 und α_3 tatsächlich Automaten gemäß Definition (13.1) sind.

α_2: Ersichtlich ist λ_2 auf $F \times S$ definiert und Funktion. Ferner gilt $\lambda_2(fg,s) = \alpha[\lambda(fg,s)] = \alpha[\lambda(f,gs)\lambda(g,s)] = \alpha[\lambda(f,gs)]\alpha[\lambda(g,s)] = \lambda_2(f,gs)\lambda_2(g,s)$.

α_3: $(f,s') \mapsto fs' := \varphi(f)s'$ ist gemäß Übung (7.7) eine Semimoduloperation. Überdies gilt bezüglich dieser Semimoduloperation auf S' :

$$\sigma \in \operatorname{Hom}_F({}_FS, {}_FS'),$$

denn $\sigma(s)$ ist in S', folglich $f\sigma(s) = \varphi(f)\sigma(s)$ und letzteres bringt, da (φ,σ,α) Homomorphismus ist $f\sigma(s) = \sigma(fs)$.

λ_3 ist auf ganz $F \times S'$ definiert, da σ surjektiv ist. Die Eindeutigkeit sieht man wie folgt: Sei $s_1' = s_2'$ und $f = g$, dann gilt auch $s_1' = \sigma(s_1) = \sigma(s_2) = s_2'$ für gewisse $s_1, s_2 \in S$. Damit erhält man $\lambda'(\varphi(f),\sigma(s_1)) = \lambda'(\varphi(g),\sigma(s_2))$ und, da (φ,σ,α) Homomorphismus ist, auch $\alpha[\lambda(f,s_1)] = \alpha[\lambda(g,s_2)]$.
Also $\lambda_3(f,s_1') = \lambda_3(g,s_2')$.
Verbleibt noch die Automatenbedingung für λ_3 zu zeigen:

$\lambda_3(fg,s') = \alpha[\lambda(fg,s)]$, wobei $s' = \sigma(s)$, folglich ist $\lambda_3(fg,s') = \alpha[\lambda(f,gs)]\alpha[\lambda(g,s)]$, da α Halbgruppenhomomorphismus, und daraus $\lambda_3(fg,s') = \lambda_3(f,\sigma(gs))\lambda_3(g,\sigma(s))$. Berücksichtigt man schließlich daß $\sigma \in \text{Hom}_F({}_FS,{}_FS')$, so erhält man $\lambda_3(fg,s') = \lambda_3(f,gs')\lambda_3(g,s')$, das gesuchte Ergebnis.

Die folgenden sechs Gleichungen zeigen, daß alle drei Tripel $(\text{Id}_F,\text{Id}_S,\alpha)$, $(\text{Id}_F,\sigma,\text{Id}_{A'})$ und $(\varphi,\text{Id}_{S'},\text{Id}_{A'})$ auch tatsächlich Homomorphismen sind. (Die geschweift geklammerten Bestandteile deuten den Beweis an):

$(\text{Id}_F,\text{Id}_S,\alpha)$:
$$\text{Id}_S(fs) = \text{Id}_F(f)\text{Id}_S(s)$$
$$\alpha[\lambda(f,s)] = \lambda_2(\text{Id}_F(f),\text{Id}_S(s))$$

$(\text{Id}_F,\sigma,\text{Id}_{A'})$:
$$\sigma(fs) = \{ = f\sigma(s) = \} = \text{Id}_F(f)\sigma(s)$$
da $\sigma \in \text{Hom}_F({}_FS,{}_FS')$
$$\text{Id}_{A'}[\lambda_2(f,s)] = \{ = \alpha[\lambda(f,s)] =$$
$$\lambda_3(f,\sigma(s)) = \} = \lambda_3(\text{Id}_F(f),\sigma(s))$$

$(\varphi,\text{Id}_{S'},\text{Id}_{A'})$:
$$\text{Id}_{S'}(fs') = \{ = f\sigma(s) = \varphi(f)\sigma(s) = \} =$$
$$\varphi(f)\text{Id}_{S'}(s') \quad \text{mit} \quad s' = \sigma(s)$$
$$\text{Id}_A[\lambda_3(f,s')] = \{ = \alpha[\lambda(f,s)] =$$
$$\lambda'(\varphi(f),\sigma(s)) = \} = \lambda'(\varphi(f),\text{Id}_{S'}(s')) .$$

Da die Komposition der drei Homomorphismen offensichtlich komponentenweise erfolgt, ist das Diagramm auch kommutativ.

Bevor wir nun dazu übergehen, die zugelassenen Homomorphismen einzuschränken, wollen wir noch untersuchen, welche Stellung den Automaten im üblichen Sinne innerhalb der Klasse der Automaten zukommt. Nach dem folgenden Satz stellen diese Automaten so etwas ähnliches wie maximale Elemente dar.

(14.3) <u>Satz</u>. Zu jedem Automaten $\alpha = <F, {}_FS, \lambda, A>$ gibt es einen Automaten $\alpha' = <W(X), {}_{W(X)}T, \lambda', W(0)>$ ($\lambda'(x,t) \in 0$) und einen Homomorphismus $(\varphi, \sigma, \alpha) : \alpha' \to \alpha$ derart, daß φ surjektiv und σ bijektiv ist.

Beweis: Da wir die Mengen X und 0 als Teilmengen von F bzw. A erhalten, werden wir hier, um Verwechslungen mit den Halbgruppenverknüpfungen in F und A zu vermeiden, die Verknüpfung in W(X) und W(0) durch "⌢", das Juxtapositionszeichen, andeuten.

1. Die Halbgruppe F hat ein Erzeugendensystem $X \subset F$, schlimmstenfalls ist $X = F$. Mit X bilden wir die Worthalbgruppe W(X). Definiert man $\iota : X \to F$ durch $\iota(x) := x$ (Inklusionsabbildung), so kann ι vermöge der Freiheit von W(X) (vgl. Definition (2.2)) zu einem Homomorphismus $\varphi : W(X) \to F$ auf genau eine Weise fortgesetzt werden und es gilt

    $\varphi(x) = x$, $\varphi(x_1 {⌢} x_2 {⌢} \ldots {⌢} x_n) = x_1 x_2 \ldots x_n$.

    da $X^* = F$ ist, ist φ surjektiv.

2. Wir setzen $T := S$ und $\sigma := Id_S$, womit σ bijektiv ist. Setzt man für $u \in W(X)$ $us := \varphi(u)s$, so ist S auch ein W(X)-Semimodul, denn $\varphi(u) \in F$ und S ist ja nach Voraussetzung ein F-Semimodul. Damit gilt trivialerweise $\sigma(us) = \varphi(u)\sigma(s)$, d.h. auch die zweite Homomorphiebedingung ist erfüllt.

3. Als 0 nehmen wir $0 := \lambda(X,S)$. Den Halbgruppenhomomorphismus $\alpha : W(0) \to A$ erhalten wir wie in 1. als Fortsetzung der Inklusionsabbildung $\iota : 0 \to A$. Um nun $\lambda' : W(X) \times S \to W(0)$ zu erhalten, definieren wir

$\lambda'(x,s) := \lambda(x,s)$ für $x \in X$ und $s \in S$ und setzen λ' gemäß $\lambda'(u^\frown v,s) := \lambda'(u,vs)^\frown \lambda'(v,s)$ fort, (vgl. Satz (13.7)), weshalb λ' auch die Automatenbedingung erzwungenermaßen erfüllt.

Es verbleibt die dritte Homomorphiebedingung, nämlich $\alpha[\lambda'(u,s)] = \lambda(\varphi(u),\sigma(s))$, nachzuweisen. Dies zeigt man durch Induktion über die Wortlänge in $W(X)$. Da $\lambda'(x,s) = \lambda(x,s) \in O$, gilt $\alpha[\lambda'(x,s)] = \lambda'(x,s) = \lambda(x,s) = \lambda(\varphi(x),\sigma(s))$ für alle $x \in X$ und $s \in S$. Ferner folgt aus der Automatenbedingung für λ' :
$\alpha[\lambda'(x^\frown u,s)] = \alpha[\lambda'(x,us)^\frown \lambda'(u,s)]$. Da α Homomorphismus ist und aufgrund der Induktionsvoraussetzung gilt $\alpha[\lambda'(x^\frown u,s)] = \lambda(\varphi(x),\sigma(us))\lambda(\varphi(u),\sigma(s))$. Letzteres kann mit den Eigenschaften von φ und σ umgeformt werden:
$\alpha[\lambda'(x^\frown u,s)] = \lambda(\varphi(x),\varphi(u)\sigma(s))\lambda(\varphi(u),\sigma(s))$.
Nutzt man noch die Automatenbedingung für λ und die Tatsache, daß φ Homomorphismus ist, so erhält man $\alpha[\lambda'(x^\frown u,s)] = \lambda(\varphi(x^\frown u),\sigma(s))$.

Nachdem nun Automaten und deren Homomorphismen eingeführt sind, müßten Begriffe wie Unterautomaten, Quotientenautomat, freier Automat, direkte Summen und Produkte von Automaten definiert werden.

Will man dieses naiv tun, so stößt man auf Schwierigkeiten, die daraus resultieren, daß ein Automat drei algebraische Strukturen umfaßt: zwei Halbgruppen und einen Semimodul. Was soll es z.B. heißen, daß der Automat α Unterautomat von α' ist, bzw. daß α in α' "enthalten" ist? Soll das heißen, daß $F \subset F'$, $A \subset A'$ und $S \subset S'$ ist, oder sollen etwa $F \simeq F'$, $A = A'$ und $S \subset S'$ sein? Insgesamt gibt es acht Möglichkeiten, die Beziehung Unterautomat zu sein naiv zu definieren, aber welche ist die "richtige" oder sinnvolle? Ähnliche Schwierigkeiten treten bei der Definition der übrigen Begriffe auf. Sinnvolle, weil universelle Definitionen könnte uns hier nur die Theorie der Kategorien geben, was über den Rahmen dieses Büchleins weit hinausginge und auch vom eigentlichen Gegenstand ablenken würde.

Etwas leichter werden wir es haben, wenn wir die Klasse der Automaten und der Homomorphismen einschränken. Wir werden ab jetzt stets

$$F = F' \quad , \quad \varphi = Id_F \quad , \quad A = A' \quad , \quad \alpha = Id_A$$

fordern, d.h. alle (betrachteten) Automaten sollen die gleiche Eingabe- und Ausgabehalbgruppe haben und die Homomorphismen sollen vom Typ (Id_F, σ, Id_A) sein. Hier können wir wenigstens naiv und doch einigermaßen befriedigend erklären, was ein Unterautomat, ein Quotientenautomat und was die direkte Summe von Automaten ist. Sind

$$\mathcal{A} = <F, {}_FS, \lambda, A>$$

$$\mathcal{A}' = <F, {}_FT, \lambda', A>$$

zwei Automaten, so soll $\mathcal{A}'$ *Unterautomat* von $\mathcal{A}$, $\mathcal{A}' \subset \mathcal{A}$ sein, wenn ${}_FT \subset {}_FS$ und $\lambda' = \lambda | F \times T$ ist.

Der Automat

$$\mathcal{A} \oplus \mathcal{A}' = <F, {}_FS \oplus {}_FT, \lambda^+, A>$$

mit

$$\lambda^+(f,r) := \begin{cases} \lambda(f,r) & r \in S \\ \lambda'(f,r) & r \in T \end{cases}$$

heiße die *direkte Summe* von $\mathcal{A}$ und $\mathcal{A}'$, wobei zu beachten ist, daß $S \cap T = \emptyset$ sein muß (vgl. Definition (7.7)).

Um zum Quotientenautomaten zu gelangen, betrachten wir einen Homomorphismus

$$(Id_F, \sigma, Id_A) : \mathcal{A} \to \mathcal{A}' \ .$$

Wegen der 2. Bedingung in Definition (14.1) ist

$$\sigma \in \text{Hom}_F(_FS, _FT) ,$$

jedoch nicht jedes Element aus $\text{Hom}_F(_FS, _FT)$ liefert einen Homomorphismus von α in ein α', denn die 3. Bedingung in Definition (14.1) fordert $\lambda(f,s) = \lambda'(f,\sigma(s))$ für alle $f \in F$ und $s \in S$. Ist nun $\sigma(s) = \sigma(t)$, so folgt daraus $\lambda(f,s) = \lambda(f,t)$ für alle $f \in F$. D.h. aber, wenn ρ die von σ in $_FS$ induzierte Kongruenz ist, so gilt die Implikation

(14.4) $\qquad s \rho t \rightarrow \lambda(f,s) = \lambda(f,t)$

für alle $f \in F$.

(14.5) **Definition.** Zwei Zustände s,t des Automaten α heißen *äquivalent*, $s \sim t$, wenn

$$\lambda(f,s) = \lambda(f,t)$$

für alle $f \in F$ gilt.

Zur Abkürzung werden wir auch

$$\lambda_s(f) := \lambda(f,s)$$

schreiben, so daß also $s \sim t$ genau dann gilt, wenn $\lambda_s = \lambda_t$ zutrifft. Daraus ist unmittelbar zu sehen, daß $\sim$ eine Äquivalenzrelation auf S ist.
Damit lautet die Bedingung (14.4) auch

$$\rho \subset \sim .$$

Sei nunmehr umgekehrt für eine Kongruenz ρ in $_FS$ die Implikation (14.4) erfüllt, d.h. es gelte $\rho \subset \sim$. Wir wollen zeigen, daß es dann auch einen Automaten α' und einen Homomorphismus $(\text{Id}_F, \sigma, \text{Id}_A) : \alpha \rightarrow \alpha'$ gibt derart, daß ρ

von σ induziert wird. Dazu betrachten wir das System

(14.6) $$\mathcal{O}/\rho := <F,_F(S/\rho),\overline{\lambda},A>$$

mit $$\overline{\lambda}(f,\rho s) := \lambda(f,s)$$

und zeigen, daß $\mathcal{O}/\rho$ ein Automat ist. Zunächst ist $\overline{\lambda}$ eine Funktion, denn aus $\rho s = \rho t$ folgt $s\,\rho\,t$ und daraus, da $\rho \subset \sim$, $\lambda(f,s) = \lambda(f,t)$. Also gilt auch $\overline{\lambda}(f,\rho s) = \overline{\lambda}(f,\rho t)$. Schließlich erfüllt $\overline{\lambda}$ die Automatenbedingung:

$$\overline{\lambda}(fg,\rho s) = \lambda(fg,s) = \lambda(f,gs)\lambda(g,s) = \overline{\lambda}(f,g \cdot \rho s)\overline{\lambda}(g,\rho s),$$

wobei zu beachten ist, daß ρ Kongruenz in $_F S$ ist. Mit der kanonischen Abbildung

$$\natural : S \to S/\rho ,$$

weist man leicht nach, daß

$$(Id_F,\natural,Id_A) : \mathcal{O} \to \mathcal{O}/\rho$$

ein Homomorphismus ist. Damit haben wir

(14.7) <u>Satz</u>. Genau dann ist die Kongruenz ρ in $_F S$ von einem Homomorphismus $(Id_F,\sigma,Id_A) : \mathcal{O} \to \mathcal{O}'$ induziert, wenn $\rho \subset \sim$.

Der in (14.6) angegebene Automat

$$\mathcal{O}/\rho$$

mit $\rho \subset \sim$ heißt *Quotientenautomat* (vgl. Übung (14.1)). Aus allem ist zu sehen, daß die Relation $\sim$ eine für den Automaten $\mathcal{O}$ ausgezeichnete Rolle spielt, grenzt sie doch gerade diejenigen Kongruenzen in $_F S$ nach oben ab, die zur Quotientenbildung überhaupt in Frage kommen.

Die Äquivalenz von Zuständen erlaubt noch eine andere Interpretation, die in natürlichem Zusammenhang mit den Motivierungen des vorigen Abschnitts steht, die zu unserem Automatenbegriff führten: haben zwei Zustände s und t eines Schaltwerks die Eigenschaft, daß das Schaltwerk, gleich ob es sich im Zustand s oder im Zustand t befindet, auf gleiche Ketten von Eingabezeichen mit gleichen Ketten von Ausgabezeichen reagiert, so sind diese beiden Zustände von "außen" nicht zu unterscheiden. Für das Verhalten des Schaltwerks als "schwarzem Kasten" ist es unerheblich, ob die beiden Zustände tatsächlich verschieden sind oder nicht. Die genannte Eigenschaft wird aber gerade dadurch beschrieben, daß $\lambda(u,s) = \lambda(u,t)$ für alle $u \in W(X)$ gilt, d.h. daß $s \sim t$ ist.

Nach diesen Bemerkungen liegt es nahe zu untersuchen, ob man nicht einen Automaten gleichen "Verhaltens" finden kann, der keine überflüssige oder äquivalente Zustände mehr besitzt, also "reduziert" ist.

(14.8) <u>Definition</u>. 1. Der Automat α heißt *reduziert*, wenn keine zwei Zustände äquivalent sind, d.h. wenn die Relation $\sim$ die Gleichheit ist.

   2. Zwei Automaten α, α' heißen *verhaltensgleich*, $\alpha \equiv \alpha'$, wenn gilt

$$\{\lambda_s : s \in S\} = \{\lambda'_t : t \in T\} .$$

(14.9) <u>Satz</u>. 1. Gibt es einen Homomorphismus

$$(Id_F, \sigma, Id_A) : \alpha \to \alpha'$$

derart, daß $\sigma : {}_F S \to {}_F T$ surjektiv ist, so ist $\alpha \equiv \alpha'$.

   2. Die Ausgabehalbgruppe A sei rechtskürzbar, wenn dann $\alpha \equiv \alpha'$ und α' reduziert ist, so gibt es einen Homomorphismus

$$(\mathrm{Id}_F, \sigma, \mathrm{Id}_A) : \alpha \to \alpha'$$

derart, daß $\sigma : {}_F S \to {}_F T$ surjektiv ist.

Beweis: 1. Zu zeigen ist, daß es zu jedem $s \in S$ ein $t \in T$ gibt, so daß $\lambda_s = \lambda'_t$ und umgekehrt. Ist $s \in S$, so gilt für $t := \sigma(s) : \lambda(f,s) = \lambda'(f,t)$ für jedes $f \in F$, d.h. $\lambda_s = \lambda'_{\sigma(s)}$. Umgekehrt ist jedes $t \in T$ auch als $t = \sigma(s)$ zu schreiben, da σ surjektiv ist, also gibt es auch zu jedem $t \in T$ ein $s \in S$ mit $\lambda_s = \lambda'_t$, nämlich das $s \in S$ mit $\sigma(s) = t$.

2. Da $\alpha \equiv \alpha'$, gibt es zu jedem $s \in S$ ein $t \in T$, so daß $\lambda_s = \lambda'_t$. Damit definieren wir

$$\sigma(s) = t \;:\!\!\Leftrightarrow\; \lambda_s = \lambda'_t$$

und haben nun zu zeigen, daß σ eine Funktion $S \to T$ ist. Ist $s_1 = s_2$, so erst recht $\lambda_{s_1} = \lambda_{s_2}$. Da $\alpha \equiv \alpha'$, gibt es $t_1, t_2 \in T$ mit $\lambda_{s_1} = \lambda'_{t_1}$, $\lambda_{s_2} = \lambda'_{t_2}$, und es gilt $\lambda'_{t_1} = \lambda'_{t_2}$. Also sind t_1, t_2 äquivalent und, da α' reduziert ist, gilt $t_1 = t_2$. Daher folgt aus $s_1 = s_2$ auch $\sigma(s_1) = \sigma(s_2)$ und σ ist Funktion. Da es wegen $\alpha \equiv \alpha'$ auch zu jedem $t \in T$ ein $s \in S$ mit $\lambda_s = \lambda'_t$ gibt, ist σ sogar surjektiv.

Verbleibt zu zeigen, daß die Homomorphie-Bedingungen erfüllt sind.
Aufgrund der Konstruktion von σ gilt unmittelbar

(14.10) $$\lambda(f,s) = \lambda'(f,\sigma(s))$$

für alle $f \in F$ und $s \in S$, die 3. Homomorphiebedingung ist also erfüllt. Für die 2. Bedingung genügt es, $\lambda'(f,\sigma(gs)) = \lambda'(f,g\sigma(s))$ für alle $g,f \in F$ zu zeigen, denn die Reduziertheit von α' liefert dann $\sigma(gs) = g\sigma(s)$.
Mit der Automatenbedingung gelten

$$\lambda(fg,s) = \lambda(f,gs)\lambda(g,s)$$

$$\lambda'(fg,\sigma(s)) = \lambda'(f,g\sigma(s))\lambda'(g,\sigma(s))$$

und mit (14.10) folgt aus der ersten dieser zwei Gleichungen:

$$\lambda'(fg,\sigma(s)) = \lambda'(f,\sigma(gs))\lambda'(g,\sigma(s)) \ .$$

Mit der Rechtskürzbarkeit von A aber erhält man aus den letzten beiden Gleichungen $\lambda'(f,g\sigma(s)) = \lambda'(f,\sigma(gs))$ und dies für alle $g,f \in F$ und $s \in S$.

Für die zweite Behauptung des letzten Satzes haben wir zum ersten Mal die Rechtskürzbarkeit von A herangezogen. Sie wird uns auch, vermöge des folgenden Satzes garantieren, daß es zu jedem Automaten α mit rechtskürzbarer Ausgabehalbgruppe einen reduzierten Automaten gleichen Verhaltens gibt.

(14.11) <u>Satz</u>. Ist die Ausgabehalbgruppe rechtskürzbar, so ist die Relation $\sim$ eine Kongruenz in $_F S$.

Beweis: Sei $s_1 \sim s_2$, so gilt nach Definition (14.4) $\lambda(f,s_1) = \lambda(f,s_2)$ für alle $f \in F$ und daher auch $\lambda(fg,s_1) = \lambda(fg,s_2)$ für alle $f,g \in F$. Mit der Automatenbedingung für λ erhält man aus der letzten Gleichung $\lambda(f,gs_1)\lambda(g,s_1) = \lambda(f,gs_2)\lambda(g,s_2)$. Die Rechtskürzbarkeit von A zusammen mit $\lambda(g,s_1) = \lambda(g,s_2)$ liefert dann $\lambda(f,gs_1) = \lambda(f,gs_2)$ also $(gs_1) \sim (gs_2)$.

Da hier die Relation $\sim$ als Kongruenz in $_F S$ ausgewiesen ist und trivialerweise $\sim \subset \sim$ gilt, ist

$$\alpha/\sim$$

ein Quotientenautomat (vgl. (14.6)), der als homomorphes
Bild von α mit α verhaltensgleich ist (Satz (14.9) Nr.1)

$$\alpha/\sim \equiv \alpha.$$

Überdies ist er reduziert, denn die Relation $\sim$ faßt ja gerade die äquivalenten Zustände zu Klassen, den Elementen von $S/\sim$, zusammen. Nun könnte es immerhin noch sein, daß man durch irgendeine andere Konstruktion einen mit α verhaltensgleichen, ebenfalls reduzierten Automaten findet, der von $\alpha/\sim$ wesentlich verschieden ist, jedoch wird diese Möglichkeit durch den folgenden Satz ausgeschlossen.

(14.12) <u>Satz</u>. Die Ausgabehalbgruppe A sei rechtskürzbar, wenn dann $\alpha \equiv \alpha'$ sowie α und α' reduziert sind, so gibt es einen Homomorphismus

$$(Id_F, \sigma, Id_A) : \alpha \to \alpha'$$

mit bijektivem $\sigma : {}_FS \to {}_FT$ (α und α' sind *isomorph*).

Beweis: Da beide Automaten α, α' reduziert sind, entnimmt man aus dem Beweis zu Satz (14.9) Nr.2., daß

$\sigma : S \to T$ mit $\sigma(s) = t$:⋇ $\lambda_s = \lambda'_t$

$\sigma' : T \to S$ mit $\sigma'(t) = s$:⋇ $\lambda_s = \lambda'_t$

beides surjektive Funktionen sind, für die überdies gilt

$$\sigma\sigma' = Id_T \qquad \sigma'\sigma = Id_S ,$$

weshalb σ, σ' bijektiv sind und $\sigma' = \sigma^{-1}$ die Umkehrfunktion von σ ist.

Die erhaltenen Ergebnisse können wir zu einem Reduktionssatz zusammenfassen, der, weil er die (bis auf Isomorphie) eindeutige Existenz eines bezüglich der Zustandszahl minimalen Automaten garantiert, für die Anwendung auf Schaltwerke eine gewisse Bedeutung hat.

(14.13) <u>Reduktionssatz</u>. Ist die Ausgabehalbgruppe von α rechtskürzbar, so gilt: In der Klasse aller mit α verhaltensgleichen Automaten gibt es einen und, bis auf Isomorphie, nur einen Automaten α' mit der Eigenschaft, daß für alle Automaten $\mathcal{L}$ aus dieser Klasse gilt, α' ist homomorphes Bild von $\mathcal{L}$ (die Kardinalität der Zustandsmenge von α' ist nicht größer als die Kardinalität der Zustandsmenge von $\mathcal{L}$).

Zur Bestimmung der Relation $\sim$ oder von $\alpha/\sim$ vergleiche Übung (14.2) und (14.3).

Zum Schluß dieses Abschnittes wollen wir noch einen Satz beweisen, der, wie schon im vorhergehenden Abschnitt angekündigt, zeigt, daß der MOORE'sche Standpunkt (vgl. (13.4)) keine wesentliche Einschränkung darstellt, zumindest dann, wenn man sich nur für den Typ des Verhaltens im Sinne von Definition (14.8) interessiert.
Zuvor ein vorbereitender Satz.

(14.14) <u>Satz</u>. Sei $\alpha = \langle F, {}_F S, \lambda, A \rangle$ ein Automat mit freier Ausgabehalbgruppe A. Gilt für zwei Elemente $f \otimes s, g \otimes t \in F \otimes_F S : f \otimes s = g \otimes t$, so haben $\lambda(f,s)$ und $\lambda(g,t)$ einen gemeinsamen Linksteiler in $\lambda(F,S)$.

Beweis: Wir müssen auf die Relationen π_0 und π (vgl. (7.13) und Definition (7.14)) zurückgreifen. π ist die von π_0 erzeugte Äquivalenzrelation, also gilt $\pi = \pi_1^t$ (Definition (4.7)) mit
$\pi_1 = \pi_0 \cup \pi_0^c \cup \iota$.

Gilt nun $f \otimes s = g \otimes t$, so heißt das $(f,s)\pi(g,t)$ oder daß es ein $n \in \mathbb{N}$ gibt derart, daß $(f,s)\pi_1^n(g,t)$. Durch Induktion über n werden wir daraus zeigen, daß $\lambda(f,s)$ und $\lambda(g,t)$ einen gemeinsamen Linksteiler in $\lambda(F,S)$ haben.

i) $n = 1$. $(f,s)\pi_1(g,t)$ heißt $(f,s) = (g,t)$, in welchem Fall $\lambda(f,s) = \lambda(g,t)$ und die Behauptung gilt, oder $(f,s)\pi_0(g,t)$ oder $(f,s)\pi_0^c(g,t)$. Ist $(f,s)\pi_0(g,t)$, so gibt es nach (7.14) ein $h \in F$ derart, daß $g = fh$ und $s = ht$ ist, weshalb $\lambda(g,t) = \lambda(fh,t) =$
$= \lambda(f,ht)\lambda(h,t) = \lambda(f,s)\lambda(h,t)$. Also haben $\lambda(g,t), \lambda(f,s)$ den Linksteiler $\lambda(f,s)$. Ebenso zeigt man für π_0^c, daß $\lambda(g,t)$ gemeinsamer Linksteiler ist.

ii) Sei $(f,s)\pi_1^{n+1}(g,t)$, d.h. $(f,s)\pi_1^n(h,r)$ und $(h,r)\pi_1(g,t)$ für ein $h \in F$ und $r \in S$. Die erste der beiden Beziehungen liefert mit der Induktionsvoraussetzung

$\lambda(f,s) = ab_1$, $\lambda(h,r) = ab_2$

mit $a \in \lambda(F,S) \subset A$ und $b_1, b_2 \in A^1$. Die zweite Beziehung liefert wegen i)

$\lambda(h,r) = cd_1$, $\lambda(g,t) = cd_2$

mit $c \in \lambda(F,S)$ und $d_1, d_2 \in A^1$. Folglich gilt $cd_1 = ab_2$ und die Freiheit von A garantiert, daß entweder c Linksteiler von a oder a Linksteiler von c ist, jenachdem ob $|c| \leq |a|$ oder $|a| \leq |c|$. In beiden Fällen aber haben dann $\lambda(f,s)$ und $\lambda(g,t)$ den gemeinsamen Linksteiler $c \in \lambda(F,S)$ bzw. $a \in \lambda(F,S)$.

Nach diesem Hilfssatz kommen wir nun zum abschließenden Resultat.

(14.15) <u>Satz</u>. Zu jedem Automaten α mit freier Ausgabehalbgruppe A gibt es ein Automat α' derart, daß $\alpha \equiv \alpha'$ und daß die Ausgabefunktion λ' von α' die MOORE-Eigenschaft hat. Dabei hat α' eine endliche Zustandsmenge, wenn die Zustandsmenge von α endlich ist und F_F als Semimodul endlich erzeugbar ist.

Beweis: Wir haben den Automaten

$$\alpha' = <F, {}_FT, \lambda', A>$$

zu konstruieren. Als T nehmen wir die Menge

$$T = (F \otimes_F S) \cup S$$

und machen T zu einem F-Semimodul durch

$$f \cdot t := \begin{cases} f \otimes s & \text{falls } t = s \in S \\ (fg) \otimes s & \text{falls } t = g \otimes s \in F \otimes_F S, \end{cases}$$

wobei wir $(F \otimes_F S) \cap S = \emptyset$ annehmen.

$(f,t) \to f \cdot t$ ist Semimoduloperation: sei $t = t'$ und $f = f'$. Sind $t, t' \in F \otimes_F S$, so ist durch Satz (7.17) bereits alles bewiesen. $t \in S$ und $t' \in F \otimes_F S$ kann wegen der Disjunktheit beider Mengen nicht eintreten, und es verbleibt der Fall $t, t' \in S$. Dann aber ist auch $f \cdot t = = f \otimes t = f' \otimes t' = f' \cdot t'$. Die Semimodulbedingung braucht, wegen Satz (7.17) ebenfalls nur für $t \in S$ nachgewiesen zu werden:

$$(fg) \cdot t = (fg) \otimes t = f \cdot (g \otimes t) = f \cdot (g \cdot t).$$

Die Ausgabefunktion λ' wird durch

$$\lambda'(f,t) := \begin{cases} \lambda(f,s) & \text{falls } t = s \in S \\ \lambda(f,gs) & \text{falls } t = g \otimes s \in F \otimes_F S \end{cases}$$

definiert.

Sei wieder $t = t'$ und $f = f'$. Ist $t, t' \in S$, so ist $\lambda'(f,t) = \lambda(f',t')$, da ja λ schon Funktion ist.

$t = t' \in F \otimes_F S$, d.h. $t = g \otimes s = g' \otimes s' = t'$. Mit (7.18) folgt daraus $gs = g's'$, weshalb auch $\lambda(f,gs) = \lambda(f',g's')$ gilt: $\lambda'(f,t) = \lambda'(f',t')$. Also ist λ' wohldefiniert, und wir haben noch die Automatenbedingung nachzuweisen. Sei $t = s \in S$. Dann ist mit der Automatenbedingung für λ:

$$\lambda'(fg,t) = \lambda(fg,s) = \lambda(f,gs)\lambda(g,s) .$$

Andererseits gilt $\lambda(g,s) = \lambda'(g,t)$ und $\lambda(f,gs) = \lambda'(f, g \otimes s)$, beides aufgrund der Definition von λ'. Schreibt man noch $g \otimes s = g \cdot t$, so gilt

$$\lambda'(fg,t) = \lambda'(f, g \cdot t)\lambda'(g,t) ,$$

die Automatenbedingung für λ', falls eben $t \in S$.

Sei nun $t \in F \otimes_F S$: $t = h \otimes s$. Wieder bringt die Automatenbedingung von λ:

$$\lambda'(fg,t) = \lambda(fg,hs) = \lambda(f,ghs)\lambda(g,hs) .$$

Die Definition von λ' ergibt $\lambda(g,hs) = \lambda'(g, h \otimes s) = \lambda'(g,t)$ und $\lambda(f,ghs) = \lambda'(f,(gh) \otimes s)$. Berücksichtigt man noch $(gh) \otimes s = g \cdot t$, so gilt

$$\lambda'(fg,t) = \lambda'(f, g \cdot t)\lambda'(g,t) .$$

Also genügt λ' der Automatenbedingung.

Die Behauptung $\alpha \equiv \alpha'$ ist sofort aus der Definition von λ' zu ersehen:
Für alle $s \in S$ ist $\lambda_s = \lambda'_s$, d.h. zu jedem $s \in S$ gibt es ein $t \in T$, nämlich $t = s$, derart, daß $\lambda_s = \lambda'_t$. Ist umgekehrt $t \in T$ und insbesondere $t \in F \otimes_F S, t = g \otimes s$, so gilt $\lambda'(f,t) = \lambda(f,gs)$, d.h. $\lambda'_t = \lambda_{gs}$. Da $gs \in S$, gibt es auch zu jedem $t \in T$ ein $s \in S$ mit $\lambda'_t = \lambda_s$.

Es verbleibt noch, die MOORE-Eigenschaft von λ' nachzuweisen: Sei $f \cdot t = f' \cdot t'$, so ist zu zeigen, daß $\lambda'(f,t)$ und $\lambda'(f',t')$ einen gemeinsamen Linksteiler in $\lambda'(F,T)$ haben.

Erster Fall: $t,t' \in S$. Dann gilt $f \otimes t = f' \otimes t'$ und $\lambda'(f,t) = \lambda(f,t)$, $\lambda'(f',t') = \lambda(f',t')$ und mit Satz (14.14) haben $\lambda(f,t)$, $\lambda(f',t')$ einen gemeinsamen Linksteiler in $\lambda(F,S) = \lambda'(F,T)$, also auch $\lambda'(f,t)$ und $\lambda'(f',t')$.

Zweiter Fall: $t \in S$, $t' \in F \otimes_F S$: $t' = h' \otimes s'$. Dann gilt $f \otimes t = f'h' \otimes s' = f' \otimes h's'$ und $\lambda'(f,t) = \lambda(f,t)$, $\lambda'(f',t') = \lambda(f',h's')$. Nach Satz (14.14) haben $\lambda(f,t)$ und $\lambda(f',h's')$ einen gemeinsamen Linksteiler in $\lambda(F,S) = \lambda'(F,T)$ und so auch $\lambda'(f,t), \lambda'(f',t')$.

Dritter Fall: $t,t' \in F \otimes_F S$, d.h. $t = h \otimes s$, $t' = h' \otimes s'$. Folglich gilt $fh \otimes s = f'h' \otimes s'$ oder $f \otimes hs = f' \otimes h's'$. Ferner ist $\lambda'(f,t) = \lambda(f,hs)$ und $\lambda'(f',t') = \lambda(f',h's')$, weshalb mit Satz (14.14) $\lambda(f,hs), \lambda(f',h's')$ einen gemeinsamen Linksteiler in $\lambda(F,S) = \lambda'(F,T)$ haben und somit auch $\lambda'(f,t), \lambda'(f',t')$.

Ist nun noch F_F endlich erzeugbar und S endlich, so ist nach Satz (7.15) die Menge $F \otimes_F S$ endlich und damit auch T.

Die Voraussetzung dafür, daß α' endlich bleibt, ist immer dann erfüllt, wenn F als Halbgruppe ein endliches Erzeugendensystem hat, aber auch schon dann, wenn F eine Linkseins e_1 hat, weil dann $f = e_1 f$ ist und F_F durch e_1 als F-Rechtssemimodul erzeugt wird (vgl. Übung (6.5)).

Die im Beweis gegebene Konstruktion von α' würde auf den ersten Blick nahelegen, statt T den Semimodul $_F(F^1 \otimes_F S)$ zu verwenden. Doch um dann mit Satz (14.14) die MOORE-Eigenschaft von λ' nachzuweisen, müßte man von $f \otimes s = g \otimes t$ in $F^1 \otimes_F S$ auf $f \otimes s = g \otimes t$ in $F \otimes_F S$ schließen können. Das ist aber nach den Bemerkungen im Anschluß an Satz (7.19) im allgemeinen nicht möglich (vgl. Übung (14.4)).

Übung zu 14.

1. Ist $(Id_F, \sigma, Id_A) : \alpha \to \alpha'$ ein Homomorphismus mit surjektivem σ, ferner ρ die von σ in $_FS$ induzierte Kongruenz. Sei

$$\phi : S/\rho \to T$$

durch $\phi(\rho s) := \sigma(s)$

definiert, so ist das Diagramm

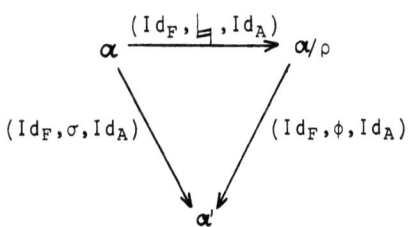

ein kommutatives Diagramm von Homomorphismen und ϕ ist bijektiv (vgl. Satz (4.9)).

2. Sei $\alpha = \langle F, _FS, \lambda, A \rangle$ ein Automat und $X \subset F$ ein Erzeugendensystem von F : $F = X^*$. Durch

$$s \, \rho_0 \, t \; :\Leftrightarrow \; \forall x \in X: \lambda(x,s) = \lambda(x,t)$$

$$s \, \rho_i \, t \; :\Leftrightarrow \; s \, \rho_{i-1} \, t \; \land \; \forall x \in X: (xs) \, \rho_{i-1}(xt)$$

wird induktiv eine Folge $\rho_0, \rho_1, \ldots$ von Relationen auf S definiert, ferner sei

$$\rho := \bigcap_{i \in \mathbb{N} \cup \{o\}} \rho_i$$

Es gilt: $\rho = \sim$. Dazu zeige man

a) alle ρ_i sind Äquivalenzrelationen

b) Die ρ_i bilden eine absteigende Kette $\rho_0 \supset \rho_1 \supset \rho_2 \supset \cdots$

c) $s \, \rho_n \, t$ genau dann, wenn $(p_n s) \, \rho_0 \, (p_n t)$ für alle Produkte p_n mit Elementen aus X und der Länge höchstens gleich n ($p_0 s = s$ für alle $s \in S$!)

d) $\rho \subset \sim$.

e) Ist A rechtskürzbar, so ist $\rho = \sim$.

(Sind X und S endliche Mengen, so bildet obige Konstruktion ein effektives Verfahren, die Relation $\sim$ zu finden.)

3. Sei
$$\alpha = \langle F, {}_FS, \lambda, A \rangle$$
ein Automat mit rechtskürzbarer Ausgabehalbgruppe A.

a) Die Menge
$$T := \{\lambda_s : s \in S\}$$
von Funktionen λ_s wird durch
$$f \cdot \lambda_s := \lambda_{fs}$$
zu einem F-Semimodul.

b) Mit der Funktion
$$\wedge : F \times T \to A ,$$
wobei $\quad \wedge(f, \lambda_s) := \lambda_s(f)$,

ist $\quad \alpha' = \langle F, {}_FT, \wedge, A \rangle$

ein reduzierter Automat und es ist $\alpha' \equiv \alpha$.

4. Sei $F = W(\{x\})$ und ${}_FS$ durch das Übergangsdiagramm

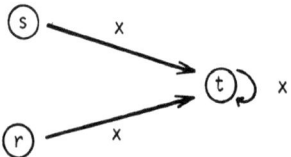

gegeben. Dann ist $x \otimes s = x \otimes r$ in $F^1 \otimes_F S$, aber $x \otimes s \neq x \otimes r$ in $F \otimes_F S$ (vgl. Übung (7.16)).

15. Wortfunktionen

Die von einem Zustand s des Automaten $\mathfrak{a}$ erzeugte Funktion

$$\lambda_s : F \to A,$$

die ja durch

$$\lambda_s(f) := \lambda(f,s)$$

definiert war, hat aufgrund der Automatenbedingung für λ die charakteristische Eigenschaft, daß $\lambda_s(fg) = \lambda_{gs}(f)\lambda_s(g)$ ist. Da $\lambda_{gs}(f) \in A$, kann man auch sagen, daß es zu jedem $f,g \in F$ ein $a \in A$ gibt mit $\lambda_s(fg) = a\lambda_s(g)$. Diese Eigenschaft soll hier etwas näher untersucht werden.

(15.1) <u>Definition</u>. Seien F und A Halbgruppen, so heißt eine Funktion

$$\wedge : F \to A$$

Wortfunktion, wenn es zu jedem $f,g \in F$ ein $a \in A$ gibt, so daß

$$\wedge(fg) = a\wedge(g)$$

gilt.

Die Funktionen λ_s sind Wortfunktionen, und man kann sich umgekehrt die Frage stellen, ob jede Wortfunktion $\wedge$ in dem Sinne durch einen geeigneten Automaten $\mathfrak{a}$ realisiert werden kann, daß $\wedge = \lambda_s$ für einen Zustand s von $\mathfrak{a}$ ist. Diese Frage beantwortet im wesentlichen der nächste Satz.

(15.2) <u>Satz</u>. Seien F und A Halbgruppen, wobei A rechtskürzbar ist.
  Ist $\wedge : F \to A$ eine Wortfunktion, so gibt es genau

eine Abbildung

$$\wedge^\times : F \times F \to A$$

derart, daß für alle $f,g \in F$

$$\wedge(fg) = \wedge^\times(f,g)\wedge(g)$$

gilt. $\wedge^\times$ hat die Eigenschaft

$$\wedge^\times(fg,h) = \wedge^\times(f,gh)\wedge^\times(g,h) \;.$$

Beweis: Laut Definition (15.1) gilt $\wedge(fg) = a\wedge(g)$.
Ist auch noch $\wedge(fg) = b\wedge(g)$ für $b \in A$, so bringt
die Rechtskürzbarkeit von A $\quad a = b$. D.h.
$a = \wedge^\times(f,g)$ ist durch f und g eindeutig bestimmt.
Nun gilt für $f,g,h \in F$:

$\wedge(fgh) = \wedge^\times(fg,h)\wedge(h)$

$\qquad = \wedge^\times(f,gh)\wedge(gh) = \wedge^\times(f,gh)\wedge^\times(g,h)\wedge(h)$

da $\wedge(gh) = \wedge^\times(g,h)\wedge(h)$ ist. Die Rechtskürzbarkeit
ergibt aus den obigen beiden Gleichungen $\wedge^\times(fg,h) = \wedge^\times(f,gh)\wedge^\times(g,h)$.

Da nun $\wedge^\times$ aufgrund dieses Satzes gerade die Automatenbedingung erfüllt, ist mit der rechtskürzbaren Halbgruppe A

$$\mathcal{A}(\wedge) = <F,_FF,\wedge^\times,A>$$

ein Automat, doch ist nicht gesagt, daß es ein $g \in F$ gibt,
so daß
$$\wedge(f) = \wedge^\times(f,g)$$

für alle $f \in F$ gilt, d.h. es ist nicht notwendig $\wedge$
selbst unter den Funktionen $\wedge^\times_g$ oder durch $\mathcal{A}(\wedge)$ in dem
vorhin besprochenen Sinne realisiert (vgl. Übung (15.3) und
(15.4)).

Selbst wenn F ein Einselement enthält, kann man nach Satz
(15.2) nur $\wedge(f) = \wedge^\times(f,1)\wedge(1)$ zeigen.

Nimmt man aber statt F die Menge

$$S := F \cup \{\omega\},$$

wobei ω ein nicht zu F gehöriges, neues Element ist, so wird durch

$$fs := \begin{cases} f & \text{falls} \quad s = \omega \\ fg & \text{falls} \quad s = g \in F \end{cases}$$

die Menge S zu einem F-Semimodul $_FS$.
Definiert man ferner die Abbildung

$$\Omega : F \times S \to A$$

durch $\quad \Omega(f,s) := \begin{cases} \wedge(f) & \text{falls} \quad s = \omega \\ \wedge^{\times}(f,g) & \text{falls} \quad s = g \in F \end{cases}$

so bestätigt man leicht, daß auch Ω die Automatenbedingung erfüllt, weshalb

$$\boldsymbol{\alpha}_\omega(\wedge) = <F, _FS, \Omega, A>$$

ein Automat ist.
Nun ist erzwungenermaßen $\wedge(f) = \Omega(f,\omega)$, d.h. $\boldsymbol{\alpha}_\omega(\wedge)$ realisiert die Funktion $\wedge$.
Mit Hilfe der Übung (14.3) kann man noch, wenn man will, den zu $\boldsymbol{\alpha}_\omega(\wedge)$ reduzierten Automaten konstruieren.

Übungen zu 15.

1. $\wedge : F \to A^1$ ist Wortfunktion genau dann, wenn für alle $f, g \in F$ gilt: ist f Rechtsteiler von g, so ist $\wedge(f)$ Rechtsteiler von $\wedge(g)$.

2. Man zeige, daß

$$f \leq_r g :\Leftrightarrow \exists h \in F^1 : g = hf$$

(f ist Rechtsteiler von g) eine Quasiordnung (reflexive und transitive Relation) ist. Damit ist $\wedge : F \to A^1$ Wortfunktion genau dann, wenn $\wedge$ eine bezüglich $\leq_r$ monotone Funktion ist.

3. Sind F und A Halbgruppen mit Einselementen, sei A rechtskürzbar und gilt für die Wortfunktion $\wedge: \wedge(1_F)=1_A$, so gilt $\wedge(f) = \wedge^{\times}(f, 1_F)$ für alle $f \in F$. ($\alpha(\wedge)$ realisiert $\wedge$).

4. Seien F und A freie Halbgruppen mit Einselementen. Ist $|\wedge(f)| = |f|$ für alle $f \in F$ (wobei $|1_F|=|1_A|=0$), so ist $\wedge : F \to A$ eine Wortfunktion und es gilt $\wedge(1_F) = 1_A$ ($\alpha(\wedge)$ realisiert $\wedge$, (vgl. Übung (15.3)).

16. Realisierung von Automaten

In Abschnitt 14 wurde die Verhaltensgleichheit von Automaten definiert und zwar geschah dies, indem auf die Menge

$$\{\lambda_s : s \in S\}$$

der von Zuständen $s \in S$ vermittelten Abbildungen

$$\lambda_s : F \to A$$

Bezug genommen wurde. Verhaltensgleichheit von zwei Automaten bedeutete dann (vgl. Definition (14.8)) die Übereinstimmung der jeweiligen Mengen von Abbildungen. Welch starke Forderung die Verhaltensgleichheit ist, ergibt sich schon aus der Aussage des Reduktionssatzes (14.13).

Um jedoch das Verhalten eines Automaten durch einen anderen zu simulieren, benötigt man gar nicht die strenge Verhaltensgleichheit beider Automaten, es genügt offenbar schon, daß die Menge $\{\lambda_s : s \in S\}$ des zu simulierenden Automaten in der des simulierenden enthalten ist. Auch brauchen die Eingabe- und die Ausgabehalbgruppen der beiden Automaten nicht übereinstimmen, denn es genügt bereits, daß beide Halbgruppen jeweils in geeigneter Weise ineinander "umcodiert" werden können.

Seien also

$$\alpha = <F,_F S,\lambda,A>$$

$$\mathcal{b} = <H,_H T,\mu,B>$$

zwei Automaten, und gebe es irgendwelche Abbildungen

$$\varphi : F \to H$$

$$\beta : B \to A$$

derart, daß es zu jedem $s \in S$ ein $t \in T$ gibt, so daß das Diagramm

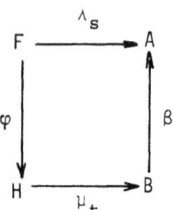

kommutativ ist: $\lambda_s = \beta\mu_t\varphi$, bzw. daß

$$\lambda(f,s) = \beta(\mu(\varphi(f),t))$$

für alle $f \in F$ gilt, so würde das bedeuten, daß jede der Funktionen λ_s bis auf die "Umcodierungen" φ und β mit einem gewissen μ_t des Automaten $\mathcal{L}$ übereinstimmt. Mit anderen Worten, der Automat $\mathcal{L}$ im Zustand t mit der Eingabe $\varphi(f)$ beaufschlagt liefert eine Ausgabe $b \in B$, die nach der "Umcodierung" $\beta(b)$ dieselbe ist, welche der Automat $\mathcal{A}$ im Zustand s unter der Eingabe f lieferte. In diesem Sinne also realisiert oder simuliert der Automat $\mathcal{L}$ den Automaten $\mathcal{A}$. Bedenkt man nun noch, daß die Zustände $t \in T$, die das Gewünschte leisten, i.a. nur eine Teilmenge $T' \subset T$ ausmachen, und daß deshalb β gar nicht auf ganz B definiert sein muß, sondern nur auf dem Teil $\mu(\varphi(F),T') \subset B$, der hier von Interesse ist, so kommt man zu der Definition dessen, was es heißt, wenn der Automat $\mathcal{L}$ den Automaten $\mathcal{A}$ realisiert:

(16.1) <u>Definition</u>. Der Automat $\mathcal{L}$ *realisiert* den Automaten $\mathcal{A}$ genau dann, wenn folgendes gilt. Es gibt eine Teilmenge $T' \subset T$ und Abbildungen

$$\varphi : F \to H$$

$$\beta : B' = \mu(\varphi(F),T') \to A$$

$$T_s := \{t \in T : \lambda_s = \beta\mu_t\varphi\} \subset T$$

derart, daß es zu jedem $s \in S$ ein $t \in T'$ gibt, so daß

$$\lambda_s = \beta\mu_t\varphi$$

gilt.

In diesem Fall gilt also

$$\{\lambda_s : s \in S\} \subset \beta\{\mu_t : t \in T'\}\varphi \ .$$

Diese Definition ist recht unhandlich insbesondere deshalb, weil darin die Existenz einer gewissen Teilmenge T' von T gefordert wird. Daher ist die folgende Charakterisierung von Bedeutung.

(16.2) <u>Satz</u>. Der Automat $\mathcal{L}$ realisiert den Automaten $\mathcal{O}$ genau dann, wenn es Funktionen

$$\sigma : S \to T$$
$$\varphi : F \to H$$
$$\beta : \mu(\varphi(F)\ \sigma(S)) \to A$$

derart, gibt, daß

$$\beta\mu(\varphi(f),\sigma(s)) = \lambda(f,s)$$

für alle $s \in S$ und $f \in F$ gilt.

Beweis: 1. Die Hinlänglichkeit folgt unmittelbar mit $T' := \sigma(S)$.

2. Es möge nun umgekehrt $\mathcal{L}$ den Automaten $\mathcal{O}$ realisieren, so folgt daraus insbesondere, daß es zu jedem $s \in S$ ein $t \in T$ gibt mit $\lambda_s = \beta\mu_t\varphi$. Folglich sind die Teilmengen

für kein $s \in S$ leer, und das Auswahlaxiom garantiert die Existenz einer Funktion $\sigma : S \to T$ derart, daß $\sigma(s) \in T_s$ ist. Das aber heißt $\lambda_s = \beta\mu_{\sigma(s)}\varphi$ oder $\lambda(f,s) = \beta\mu(\varphi(f),\sigma(s))$ für alle $f \in F$.

Realisiert $\mathcal{L}$ den Automaten $\mathcal{A}$ und gelte $\sigma(s_1) = \sigma(s_2)$, so folgt $\beta\mu(\varphi(f),\sigma(s_1)) = \beta\mu(\varphi(f),\sigma(s_2))$ und daraus $\lambda(f,s_1) = \lambda(f,s_2)$ für jedes $f \in F$, d.h. aber $\lambda_{s_1} = \lambda_{s_2}$ oder $s_1 \sim s_2$: s_1 und s_2 sind äquivalente Zustände gemäß Definition (14.5)).

Bezeichnet nun ρ_σ die von der Abbildung σ in S induzierte Äquivalenzrelation, so gilt

$$\rho_\sigma \subset \sim,$$

was nach den Überlegungen, die zum Realisierungsbegriff führten, auch nicht verwundert.

Mit diesen Feststellungen ist für die Realisierung eines Automaten noch wenig gewonnen. Man wird, wenn man schon nach realisierenden Automaten $\mathcal{L}$ sucht, sinnvollerweise verlangen, daß ein solcher Automat $\mathcal{L}$ in irgendeiner Form einfacher aufgebaut ist als $\mathcal{A}$, was immer "einfacher" heißen mag. Der folgende Satz umreißt die Klasse derjenigen Automaten, mit deren Hilfe wir hier Automaten realisieren werden.

(16.3) <u>Satz</u>. Seien

$$\mathcal{A} = \langle F, {}_F S, \lambda, A \rangle \qquad \mathcal{L} = \langle H, {}_H T, \mu, B \rangle$$

zwei Automaten.

1.
$$\mathcal{A} \times \mathcal{L} = \langle F \times H, {}_{F \times H}(S \times T), \lambda \times \mu, A \times B \rangle$$

mit $(f,h)(s,t) := (fs, ht)$

$\lambda \times \mu[(f,h),(s,t)] := (\lambda(f,s), \mu(h,t))$

für alle $f \in F$, $s \in S$, $h \in H$ und $t \in T$, ist ein Automat, das *direkte Produkt* (gelegentlich auch die *Parallelverbindung*) von α und $\mathcal{B}$. (Dabei sind $F \times H$ und $A \times B$ die direkten Produkte der jeweiligen Halbgruppen entsprechend Definition (2.8)).

2. Sei $A = H$, so ist

$$\alpha \oplus \mathcal{B} = <F, {}_F(S \times T), \wedge, B>$$

mit $\quad f(s,t) := (fs, \lambda(f,s)t)$

$\wedge[f,(s,t)] := \mu(\lambda(f,s),t)$

für alle $f \in F$, $s \in S$ und $t \in T$, ein Automat, die *Serienverbindung* von α mit $\mathcal{B}$.

Beweis: 1. Daß $S \times T$ mit der Operation $(f,h)(s,t) = (fs,ht)$ ein $F \times H$ - Semimodul ist, folgt unmittelbar aus den Eigenschaften des direkten Produktes $F \times H$ und daraus, daß ${}_F S$ und ${}_H T$ schon Semimoduln sind. Automatenbedingung für die Abbildung $\lambda \times \mu$:
$\lambda \times \mu[(f,h)(g,k),(s,t)] = \lambda \times \mu[(fg,hk),(s,t)] =$
$= (\lambda(fg,s), \mu(hk,t))$, wobei $f,g \in F$, $h,k \in H$ und $s \in S$, $t \in T$ ist.
Da λ und μ die Automatenbedingung erfüllen, gilt sodann

$\lambda \times \mu[(f,h)(g,k),(s,t)] =$

$= (\lambda(f,gs)\lambda(g,s), \mu(h,kt)\mu(k,t)) =$

$= (\lambda(f,gs), \mu(h,kt))(\lambda(g,s), \mu(k,t)) =$

$= \{\lambda \times \mu[(f,h),(gs,kt)]\}\{\lambda \times \mu[(g,k),(s,t)]\} =$

$= \{\lambda \times \mu[(f,h),(g,k)(s,t)]\}\{\lambda \times \mu[(g,k),(s,t)]\}$.

2. Daß $S \times T$ in der angegebenen Weise ein F-Semimodul ist, sieht man so ($g,f \in F$, $s \in S$, $t \in T$):
$(gf)(s,t) = (gfs, \lambda(gf,s)t) = (gfs, \lambda(g,fs)\lambda(f,s)t)$, da λ die Automatenbedingung erfüllt. Andererseits

gilt $g(f(s,t))=g(fs,\lambda(f,s)t)=(gfs,\lambda(g,fs)\lambda(f,s)t)$,
weshalb also $(gf)(s,t) = g(f(s,t))$.
Nun zur Automatenbedingung von $\wedge$.

$\wedge[gf,(s,t)] = \mu(\lambda(gf,s),t) = \mu(\lambda(g,fs)\lambda(f,s),t) =$
$\qquad = \mu(\lambda(g,fs),\lambda(f,s)t)\mu(\lambda(f,s),t)$,

da λ und μ die Automatenbedingung erfüllen. Weil andererseits aufgrund der Definition von $\wedge$ und des Semimoduls $_F(S \times T)$ gilt

$\wedge[g,f(s,t)] = \wedge[g,(fs,\lambda(f,s)t)] = \mu(\lambda(g,fs),\lambda(f,s)t)$,

erfüllt auch $\wedge$ die Automatenbedingung.

Wenn der hier konstruierte Automat $\mathcal{A}\times\mathcal{B}$ direktes Produkt genannt wird, so deshalb, weil er tatsächlich das direkte Produkt im universellen Sinne ist (vgl. Übung (16.1)) . Die Bezeichnung Serienverbindung erklärt sich daraus, daß die Ausgabe von $\mathcal{A}$ als Eingabe des Automaten $\mathcal{B}$ fungiert.

Das Ziel und den Abschluß dieses Abschnittes bilden die zwei folgenden Sätze, die hinreichende Kriterien dafür angeben, wann ein Automat $\mathcal{A}$ durch ein direktes Produkt oder durch eine Serienverbindung zweier Automaten realisiert werden kann.

(16.4) <u>Satz</u>. Ist $\mathcal{A} = \langle F,_FS,\lambda,A\rangle$ ein Automat und sind ρ_1,ρ_2 zwei Kongruenzen auf $_FS$ derart, daß $\rho_1\cap\rho_2 \subset \sim$, wobei $\sim$ die Äquivalenz von Zuständen in $\mathcal{A}$ bezeichnet, so gibt es zwei Automaten $\mathcal{A}_1,\mathcal{A}_2$ mit der Eigenschaft, daß das direkte Produkt $\mathcal{A}_1 \times \mathcal{A}_2$ den Automaten $\mathcal{A}$ realisiert.

Für den Beweis dieses Satzes ist die Formulierung eines Hilfssatzes zweckmäßig, der das Konstruktionsprinzip der Automaten $\mathcal{A}_1$ und $\mathcal{A}_2$ angibt.

(16.5) <u>Hilfssatz</u>. Ist α ein Automat und ρ eine Kongruenz auf $_F S$, so ist

$$\alpha|\rho = \langle F, {_F}(S/\rho), \iota, F \times RN(S/\rho)\rangle$$

mit $\qquad \iota(f,\rho s) := (f,\rho s)$

ein Automat. ($RN(S/\rho)$ ist die Halbgruppe, deren jedes Element ρs eine Rechtsnull ist. Vgl. Definition (1.4) und Übung (1.5)).

Beweis: Zu zeigen ist nur die Automatenbedingung für ι , da $_F(S/\rho)$ der Quotientensemimodul nach Abschnitt 7 ist. Für $f,g \in F$ und $\rho s \in S/\rho$ gilt $\iota(g, f \cdot \rho s) = (g, \rho(fs))$, weshalb $\iota(g, f \cdot \rho s)\iota(f,\rho s) =$
$= (g,\rho(fs))(f,\rho s) = (gf,\rho s)$. Das letzte Gleichheitszeichen trifft zu, weil $RN(S/\rho)$ nur aus Rechtsnullen besteht. Folglich gilt $\iota(g,f \cdot \rho s)\iota(f,\rho s) =$
$= \iota(gf,\rho s)$, die Automatenbedingung für ι .

Beweis von Satz (16.4). Wir setzen

$\alpha_1 := \alpha|\rho_1 = \langle F, {_F}(S/\rho_1), \iota_1, F \times RN(S/\rho_1)\rangle$

$\alpha_2 := \alpha|\rho_2 = \langle F, {_F}(S/\rho_2), \iota_2, F \times RN(S/\rho_2)\rangle$.

Aufgrund von Satz (16.3) erster Teil ist dann

$\alpha_1 \times \alpha_2 =$

$\langle F \times F, {_{F \times F}}((S/\rho_1) \times (S/\rho_2)), \iota_1 \times \iota_2, [F \times RN(S/\rho_1)] \times [F \times RN(S/\rho_2)]\rangle$

ein Automat. Die Abbildungen

$\sigma : S \to (S/\rho_1) \times (S/\rho_2) \qquad$ und $\qquad \varphi : F \to F \times F$,

die in Satz (16.2) gefordert werden, werden durch

$\qquad \sigma(s) := (\rho_1 s, \rho_2 s) \qquad\qquad \varphi(f) := (f,f)$

definiert. (Die Funktion μ ist jetzt $\iota_1 \times \iota_2$.)
Nun ist $\iota_1 \times \iota_2[\varphi(f),\sigma(s)] = \iota_1 \times \iota_2[(f,f),(\rho_1 s, \rho_2 s)] =$
$= (\iota_1(f,\rho_1 s), \iota_2(f,\rho_2 s)) = ((f,\rho_1 s),(f,\rho_2 s))$, und damit gilt
$\iota_1 \times \iota_2[\varphi(F),\sigma(S)] = \{((f,\rho_1 s),(f,\rho_2 s)) : f \in F, s \in S\}$.
Auf dieser Menge wird nun β (entsprechend Satz (16.2)) definiert:

$$\beta((f,\rho_1 s), (f,\rho_2 s)) := \lambda(f,s)$$

und es gilt dann trivialerweise

$$\beta(\iota_1 \times \iota_2[\varphi(f),\sigma(s)]) = \lambda(f,s),$$

wie es in Satz (16.2) verlangt wird. Nur muß das so definierte β auch wirklich eine Funktion sein, und dazu wird die an ρ_1 und ρ_2 gestellte Forderung benötigt. Sei also $((f,\rho_1 s), (f,\rho_2 s)) =$
$= ((f',\rho_1 s'), (f',\rho_2 s'))$, so gilt $f = f'$ und $\rho_1 s = \rho_1 s'$, $\rho_2 s = \rho_2 s'$. Daraus erhält man $s\, \rho_1\, s'$ und $s\, \rho_2\, s'$, mit der Voraussetzung über ρ_1 und ρ_2 gilt $s \sim s'$ oder $\lambda(f,s) = \lambda(f,s')$ für alle $f \in F$. Daher gilt $\beta((f,\rho_1 s), (f,\rho_2 s)) = \beta((f',\rho_1 s'), (f',\rho_2 s'))$, und β ist tatsächlich eine Funktion.
Mit Satz (16.2) folgt nun die Behauptung des Satzes (16.4).

Man beachte, daß in diesem Fall aus dem Beweis zu entnehmen ist, daß die beiden realisierenden Funktionen φ und σ sogar einen verallgemeinerten Homomorphismus (φ,σ) : $_F S \to\ _{F \times F}((S/\rho_1) \times (S/\rho_2))$ bilden. Diese Tatsache wird jedoch nicht unmittelbar benötigt.

Der nächste Satz sagt, wann ein Automat α durch eine Serienverbindung realisiert wird.

(16.6) <u>Satz</u>. Ist $\alpha = <F, {}_FS, \lambda, A>$ ein Automat mit freier Eingabehalbgruppe $F = W(X)$ und sei ρ eine Kongruenz auf ${}_FS$ sowie τ eine Äquivalenzrelation auf S derart, daß $\rho \cap \tau$ die identische Relation ist, so gibt es zwei Automaten α_1 und $\mathcal{L}$ derart, daß $\alpha_1 \oplus \mathcal{L}$ den Automaten α realisiert.

Auch hier ist es wieder angebracht, die Konstruktion der Automaten α_1 und $\mathcal{L}$ in einem Hilfssatz vorwegzunehmen.

(16.7) <u>Hilfssatz</u>. Unter denselben Voraussetzungen wie in Satz (16.6) ergeben die folgenden Definitionen Automaten:

1. $\alpha_1 = <W(X), {}_{W(X)}(S/\rho), \kappa, W(X \times (S/\rho))>$

   mit $\kappa(x, \rho s) := (x, \rho s)$ $(x \in X, \rho s \in S/\rho)$.

2. $\mathcal{L} = <W(X \times (S/\rho)), {}_{W(X \times S/\rho)}(S/\tau \cup \{\sigma\}), \mu, A>$

   mit $(x, \rho s)\sigma := \sigma$

   $$(x, \rho s)\tau t := \begin{cases} \tau(xr) & \text{falls } r \in \rho s \cap \tau t \\ \sigma & \text{sonst} \end{cases}$$

   als Semimoduloperation, wobei $x \in X$, $s, t \in S$ und σ ein Element ist, das nicht zu S/τ gehört, und der Ausgabefunktion μ gemäß:

   $\mu((x, \rho s), \sigma) := a_0 \in A$ beliebig,
                     fest für alle $x \in X$ und $\rho s \in S/\rho$

   $$\mu((x, \rho s), \tau t) := \begin{cases} \lambda(x, r) & \text{falls } r \in \rho s \cap \tau t \\ a_0 & \text{sonst}. \end{cases}$$

Beweis: 1. ${}_{W(X)}(S/\rho)$ ist der Quotientensemimodul. Gemäß Satz (13.7) braucht die Ausgabefunktion κ nur auf der Menge $X \times (S/\rho)$ vorgegeben und dann entsprechend fortgesetzt werden, womit α_1 Automat ist.

2. Da $W(X \times (S/\rho))$ frei über der Menge $X \times (S/\rho)$ ist, muß die Semimoduloperation nach Satz (6.9) nur für die Menge $(X \times (S/\rho)) \times (S/\tau \cup \{\sigma\})$ vorgegeben und dann entsprechend fortgesetzt werden. Zu zeigen ist nur die Eindeutigkeit der Definition. Sei $(x,\rho s) = (x',\rho s')$ und $\tau t = \tau t'$, so gilt $x = x'$ und $\rho s = \rho s'$. Damit aber ist $\rho s \cap \tau t = \rho s' \cap \tau t'$.

Erster Fall: $\rho s \cap \tau t = \emptyset$, dann ist $(x,\rho s)\tau t = (x',\rho s')\tau t' = \sigma$.

Zweiter Fall: $\rho s \cap \tau t \neq \emptyset$. Da $\rho \cap \tau$ die identische Relation ist, gilt $\rho s \cap \tau t = \{r\} = \rho s' \cap \tau t'$ für ein $r \in S$. Folglich ist $(x,\rho s)\tau t = \tau(xr) = \tau(x'r) = (x',\rho s')\tau t'$, da ja $x = x'$.

Nun zur Ausgabefunktion μ. Nach Satz (13.7) braucht auch hier nur die Eindeutigkeit der Definition von μ auf der Menge $(X \times (S/\rho)) \times (S/\tau \cup \{\sigma\})$ gezeigt zu werden. Wie eben schließt man von $(x,\rho s) = (x',\rho s')$ und $\tau t = \tau t'$ auf $\mu((x,\rho s), \tau t) = \mu((x',\rho s'), \tau t')$.

Damit können wir nun den Satz (16.6) beweisen.

Mit den konstruierten Automaten α_1 und $\mathcal{Z}$ wird gemäß Satz (16.3) zweiter Teil die Serienverbindung

$$\alpha_1 \oplus \mathcal{Z} = \langle W(X), {}_{W(X)}((S/\rho) \times (S/\tau \cup \{\sigma\})), \wedge, A \rangle$$

gebildet. Um die Realisierung von α durch $\alpha_1 \oplus \mathcal{Z}$ nachzuweisen, wird wieder Satz (16.2) herangezogen: die Abbildungen

$$\sigma: S \to S/\rho \times (S/\tau \cup \{\sigma\}) \qquad \varphi: W(X) \to W(X) \qquad \beta: A \to A$$

werden durch

$$\sigma(s) := (\rho s, \tau s) \qquad \varphi := Id_F \qquad \beta := Id_A$$

definiert, und es muß nun $\beta\wedge[\varphi(u),\sigma(s)] = \lambda(u,s)$ nachgewiesen werden, bzw., da β und φ identische Abbildungen sind, $\wedge[u,\sigma(s)] = \lambda(u,s)$ und dies für alle $u \in W(X)$ und $s \in S$. Mit der Definition der Abbildung $\wedge$ gilt $\wedge[u,\sigma(s)] = \wedge[u,(\rho s,\tau s)] =$
$= \mu(\kappa(u,\rho s),\tau s)$, d.h. wir haben

(16.8) $\qquad \mu(\kappa(u,\rho s), \tau s) = \lambda(u,s)$

für alle $u \in W(X)$ und $s \in S$ nachzuweisen, was induktiv über $|u|$ geschehen soll. Dazu benötigen wir noch eine Aussage über die Ausgabefunktion κ, nämlich die Gültigkeit von

(16.9) $\qquad \kappa(u,\rho s)\tau s = \tau(us)$

für alle $u \in W(X)$. Auch dies ist induktiv zu zeigen:

a) $|u| = 1$, also $u = x \in X$. Dann ist $\kappa(x,\rho s) = (x,\rho s)$ und folglich $\kappa(x,\rho s)\tau s = (x,\rho s)\tau s = \tau(xs)$, da $s \in \rho s \cap \tau s$.

b) $|u| = n$, also $u = xv$ mit $x \in X$, $v \in W(X)$ und $|v| < n$. Da κ als Ausgabefunktion die Automatenbedingung erfüllt, gilt $\kappa(xv,\rho s) = = \kappa(x,\rho(vs))\kappa(v,\rho s)$. Nach Induktionsvoraussetzung ist $\tau(vs) = \kappa(v,\rho s)\tau s$, und somit gilt $\kappa(u,\rho s)\tau s = \kappa(x,\rho(vs))\tau(vs) = (x,\rho(vs))\tau(vs) = = \tau(xvs) = \tau(us)$.

Damit können wir nun (16.8) beweisen.

a) $|u| = 1$, also $u = x \in X$. Dann ist $\mu(\kappa(x,\rho s), \tau s) = \mu((x,\rho s), \tau s) = \lambda(x,s)$, aufgrund der Definition von μ und weil $s \in \rho s \cap \tau s$.

b) $|u| = n$, also $u = xv$ mit $x \in X$, $v \in W(X)$ und $|v| < n$. Da κ die Automatenbedingung erfüllt, ist $\kappa(xv,\rho s) = \kappa(x,\rho(vs))\kappa(v,\rho s)$, und weil μ die Automatenbedingung ebenfalls erfüllt, erhält man $\mu(\kappa(xv,\rho s), \tau s) = \mu(\kappa(x,\rho(vs)), \kappa(v,\rho s)\tau s)\mu(\kappa(v,\rho s),\tau s)$. Mit der Induktionsvor-

aussetzung und (16.9) gilt sodann $\mu(\kappa(xv,\rho s), \tau s) =$
$= \mu((x,\rho(vs)), \tau(vs))\lambda(v,s) = \lambda(x,vs)\lambda(v,s) =$
$= \lambda(xv,s)$, da auch λ die Automatenbedingung erfüllt.

Mit dem erfolgten Nachweis von (16.8) ist auch der Satz (16.6) bewiesen.

Die letzten beiden Sätze im Verein mit den in Abschnitt 11 angestellten Überlegungen ergeben ein für den Schaltwerksentwurf verhältnismäßig praktikables Verfahren, Automaten durch zwar i.a. umfangreichere Automaten zu realisieren, die jedoch infolge ihres Aufbaus als direkte Produkte oder als Serienverbindungen (oder Mischungen daraus) möglicherweise übersichtlicher und damit einfacher sind.

Übungen zu 16.

1. Sei $\underset{i=1}{\overset{n}{X}} \mathfrak{a}_i$ das entsprechend Satz (16.3) definierte direkte Produkt der n Automaten $\mathfrak{a}_i$, dann hat es folgende universelle Eigenschaft:
   Es gibt Homomorphismen $(\varphi_k,\sigma_k,\alpha_k) : \underset{i=1}{\overset{n}{X}} \mathfrak{a}_i \to \mathfrak{a}_k$
   (k = 1 ... n) derart, daß es zu jedem Automaten $\mathfrak{L}$ und zu jeder Familie von Homomorphismen $(\overline{\varphi}_k,\overline{\sigma}_k,\overline{\alpha}_k): \mathfrak{L} \to \mathfrak{a}_k$
   (k = 1 ...n) genau einen Homomorphismus $(\varphi,\sigma,\alpha):$
   $\mathfrak{L} \to \underset{i=1}{\overset{n}{X}} \mathfrak{a}_i$ gibt, so daß $(\varphi_k,\sigma_k,\alpha_k)(\varphi,\sigma,\alpha):=(\varphi_k\varphi,\sigma_k\sigma,\alpha_k\alpha)$
   $= (\overline{\varphi}_k,\overline{\sigma}_k,\overline{\alpha}_k)$ gilt.
   (Die Gleichheit der Tripel ist komponentenweise zu verstehen.)

2. Man verallgemeinere Satz (16.4) dahingehend, daß $\mathfrak{a}$ durch ein n-faches direktes Produkt realisiert wird.

17. Reguläre Ereignisse

Wurde in den letzten Abschnitten das System der durch einen Automaten gegebenen Funktionen $\lambda_s : F \to A$ untersucht, so wenden wir uns jetzt den Urbildern dieser Funktionen, den Mengen $\lambda_s^{-1}(a) \subset F$, zu.

Da $f \in \lambda_s^{-1}(a)$ genau dann gilt, wenn $\lambda_s(f) = \lambda(f,s) = a$ ist, kann man einen Automaten als eine Art Mechanismus zur Entscheidung darüber ansehen, ob $f \in \lambda_s^{-1}(a)$ ist oder nicht: im ersten Fall gibt der Automat die Ausgabe a ab, wenn er im Zustand s mit der Eingabe f beaufschlagt wird, im zweiten Fall dagegen eine von a verschiedene Ausgabe. So stellt sich unmittelbar die Frage nach der Beschaffenheit der Mengen $\lambda_s^{-1}(a)$, und die Antwort darauf wird von der gewählten Automatenklasse abhängen. Die Übung (17.1) gibt dazu ein Beispiel, das zeigt, daß die Antwort gelegentlich recht einfach sein kann.

Da eine allgemeine Behandlung der aufgeworfenen Frage noch aussteht, werden wir uns auf den folgenden Automatentyp beschränken.

Der Automat

$$\alpha = <F, {}_FS, \lambda, LN(\{0,L\})>$$

habe als Ausgabehalbgruppe diejenige, die nur die zwei Linksnullen 0 und L enthält (vgl. Definition (1.4) und Übung (1.5)). Ferner habe λ die MOORE-Eigenschaft (Satz (13.6)), d.h. es gebe eine Funktion

$$\mu : S \to \{0,L\}$$

derart, daß

$$\lambda(f,s) = \mu(fs)$$

für alle $f \in F$ und $s \in S$ gilt (vgl. Übung (13.1)).

Diese Einschränkung ist gar nicht so stark, wie man zunächst vermuten sollte, denn zu jeder Teilmenge $E \subset F$ gibt es einen Automaten α obigen Typs, so daß $\lambda_s^{-1}(L) = E$ ist.

Man braucht dazu nur nachzurechnen, daß

$$< F, {}_F F^1, \lambda, LN(\{0,L\}) >$$

mit

$$\lambda(f,g) := \begin{cases} L & \text{falls } fg \in E \\ 0 & \text{sonst} \end{cases} \qquad (f \in F, g \in F^1)$$

ein solcher Automat ist, denn nun ist

$$\lambda_1^{-1}(L) = E,$$

da $f \in \lambda_1^{-1}(L)$ mit $\lambda(f,1) = L$ und dies mit $f \in E$ äquivalent ist. Die Funktion $\mu : F \to \{0,L\}$ wird hierbei einfach zur charakteristischen Funktion der Menge E.
So wird die anfängliche Frage nach der Beschaffenheit der Mengen $\lambda_s^{-1}(a)$ in einer Hinsicht trivial: jede Teilmenge von F kann so dargestellt werden.

Wir wollen nun $s = s_0$ festhalten, da wir uns nur für eine der Mengen $\lambda_{s_0}^{-1}(L)$ interessieren. Im Sinne der Automaten als (physikalische) Schaltwerke heißt dies, daß der Automat stets von einem ausgezeichneten Zustand aus startet, dem sogenannten *Anfangszustand* s_0.
Da $f \in \lambda_{s_0}^{-1}(L)$ mit $fs_0 \in \mu^{-1}(L)$ äquivalent ist, ist $\lambda_{s_0}^{-1}(L)$ vollständig durch s_0 und $T = \mu^{-1}(L)$ charakterisiert, was zu folgender Definition Anlass gibt.

(17.1) <u>Definition</u>. Sei F eine Halbgruppe, ${}_F S$ ein F-Semimodul, $s_0 \in S$ ein ausgezeichneter Zustand und $T \subset S$ eine Teilmenge, die auch leer sein kann, so heißt das System

$$\mathcal{M} = <F, {}_F S, s_0, T>$$

ein *Analysator*, und

$$E(\mathcal{M}) := \{f \in F : fs_0 \in T\}$$

die von $\mathcal{M}$ *akzeptierte* Menge.

Wenn zu Beginn des Abschnitts von einem Automaten als einer Art Mechanismus zur Entscheidung gesprochen wurde, so darf das nicht mit den strengen Maßstäben der Theorie der Berechenbarkeit gemessen werden, denn die Menge S kann ja nicht endlich sein. Soll der Analysator im strengen Sinne effektiv werden, so wird man zunächst fordern, daß S eine endliche Menge ist.

(17.2) <u>Definition</u>. Sei F eine Halbgruppe, so heißt die Teilmenge $E \subset F$ *erkennbar*, wenn es einen Analysator $\mathcal{M}$ mit endlichem S gibt, so daß $E = E(\mathcal{M})$ gilt. Die Menge aller erkennbaren Teilmengen von F sei $\mathcal{R}(F)$. Sind E,D Teilmengen von F, so heißen die Operationen $E \cup D$, $E \cap D$, $\complement E$, $E \cdot D$, E^* die *regulären* Operationen.

Nach diesen einleitenden Bemerkungen kommen wir zum Hauptgegenstand dieses Abschnitts, zu der Frage nach der Charakterisierung von $\mathcal{R}(F)$.
Eine vollständige Antwort kann nur für freie Halbgruppen $F = W(X)$ gegeben werden, und der Weg dazu, den S.C.KLEENE als erster aufwies, ist der, daß man zunächst die Abgeschlossenheit von $\mathcal{R}(F)$ gegenüber den regulären Operationen zeigt und dann nachweist, daß $\mathcal{R}(F)$ gerade aus den endlichen Teilmengen von F und den aus ihnen mit Hilfe der regulären Operationen gewonnenen Teilmengen von F besteht.

Bevor wir nun die regulären Operationen untersuchen, sei nochmals und diesmal mit anderen Worten gezeigt, daß es zu jeder Teilmenge $E \subset F$ einen Analysator $\mathcal{M}_E$ gibt, so daß $E(\mathcal{M}_E) = E$ ist, nämlich

$$\mathcal{M}_E = <F, {}_F F^1, 1, E> .$$

Denn $f = f1 \in E$ heißt ja gerade $f \in E(\mathcal{M}_E)$. Daß damit noch nicht $E \in \mathcal{R}(F)$ gezeigt ist, sieht man für nichtendliche Halbgruppen F unmittelbar.

(17.3) <u>Satz</u>. Seien $E,D \in \mathcal{R}(F)$, so auch $E \cap D, \complement E, E \cup D \in \mathcal{R}(F)$. Ferner gilt stets $\emptyset, F \in \mathcal{R}(F)$.

Beweis: Nach Voraussetzung gibt es zwei Analysatoren

$$\mathcal{M}_1 = <F, {}_FS, s_0, T>$$

$$\mathcal{M}_2 = <F, {}_FM, m_0, N>$$

mit endlichen Mengen S, M derart, daß $E = E(\mathcal{M}_1)$ und $D = E(\mathcal{M}_2)$.

1. In dem Analysator

$$\mathcal{M} = <F, {}_F(S \times M), (s_0, m_0), T \times N>$$

ist deshalb $S \times M$ ebenfalls endlich, und es ist $f(s_0, m_0) \in T \times N$ damit äquivalent, daß $fs_0 \in T$ und $fm_0 \in N$ gilt. Also $E(\mathcal{M}) = E \cap D$.

2. Für

$$\overline{\mathcal{M}} = <F, {}_FS, s_0, S \setminus T>$$

ist $fs_0 \in S \setminus T$ gleichbedeutend mit $f \notin E$, also $E(\overline{\mathcal{M}}) = \complement E$.

3. Da $E \cup D = \complement((\complement E) \cap \complement D)$, folgt $E \cup D \in \mathcal{R}(F)$ aus 1. und 2.

4. Ist $S = \{s\}$ und $fs = s$ für alle $f \in F$, so ist ${}_FS$ ein endlicher F-Semimodul, und die Analysatoren

$$<F, {}_FS, s, S> \quad , \quad <F, {}_FS, s, \emptyset>$$

akzeptieren ersichtlich F bzw. $\emptyset$, d.h. $F, \emptyset \in \mathcal{R}(F)$.

Die letzten beiden der regulären Operationen sind die Bildung
des Komplexproduktes E·D (vgl. Abschnitt 1) und der Übergang von E zu der von E erzeugten Unterhalbgruppe E* ,
der daher auch die Sternoperation genannt wird (vgl. Definition (1.14)).
Beide Operationen sind ungleich schwieriger als die ersten
drei zu behandeln, und es bedarf dazu einiger Vorbereitungen.
Der Nachweis der Abgeschlossenheit von $\mathcal{R}(F)$ gegen das Komplexprodukt und die Sternoperation kann für freie Halbgruppen F auf zwei Wegen erfolgen.

Der erste geht, mehr oder weniger offenkundig, über die sogenannte Teilmengenkonstruktion von MYHILL, die wir hier aber
nur dem Namen nach erwähnen, da sie den schwerwiegenden Nachteil hat, unmittelbar nur für freie Halbgruppen anwendbar zu
sein, und die Suche nach Gegenbeispielen dafür, daß $\mathcal{R}(F)$
allgemein gegen die regulären Operationen abgeschlossen ist,
unmöglich macht. Ihr Vorteil ist die Konstruktivität (vgl.
Übung (17.3)).

Der zweite Weg, den auch wir einschlagen wollen, untersucht
eine noch zu definierende Linkskongruenz in F , er wurde
konsequent zuerst von BÜCHI begangen. Da hier nur auf die
Halbgruppe F Bezug genommen wird, wird der eben genannte
Nachteil vermieden. Dafür ist die Vorgehensweise nicht mehr
unmittelbar konstruktiv, liefert jedoch Analysatoren mit geringstmöglicher Zustandszahl (vgl. Übung (17.4)).

(17.4) <u>Definition</u>. Sei $E \subset F$ und ρ eine Äquivalenzrelation auf F . ρ heißt *mit* E *verträglich*, wenn für
alle $f \in F$ gilt

$$\rho f \cap E \neq \emptyset \rightarrow \rho f \subset E .$$

ρ ist also mit E verträglich, wenn E als Vereinigung
von Klassen nach ρ geschrieben werden kann.
Eine solche mit E verträgliche Äquivalenzrelation ist zum
Beispiel diejenige, deren Klassen gerade E und F\E sind,
d.h.

$$f \, \rho(E) \, g \; :\Leftrightarrow \; f \in E \leftrightarrow g \in E .$$

Doch $\rho(E)$ nimmt im allgemeinen keine Rücksicht auf die
Halbgruppenmultiplikation in F, etwa dadurch, daß $\rho(E)$
Linkskongruenz wäre. Dazu müßte man ja von $f \in E \leftrightarrow g \in E$
auf $hf \in E \leftrightarrow hg \in E$ für alle $h \in F$ schließen können, was
sicher nicht immer geht. Also erzwingt man es, fordert die
Gültigkeit von $hf \in E \leftrightarrow hg \in E$ für alle $h \in F$ und gelangt so zu der Definition

(17.5) $f \ \pi_E \ g \ :\!\!\Leftrightarrow \ (f \in E \leftrightarrow g \in E) \wedge \forall h \in F : \ hf \in E \leftrightarrow hg \in E$,

die formal auch so geschrieben werden kann:

$$f \ \pi_E \ g \ \Leftrightarrow \ \forall h \in F^1 : \ hf \in E \leftrightarrow hg \in E$$

Die Relation π_E wird sich als Schlüssel für unser gestecktes Ziel erweisen.

(17.6) <u>Satz</u>.

   1. π_E ist eine Linkskongruenz in der Halbgruppe F.

   2. π_E ist verträglich mit E.

   3. Für alle Linkskongruenzen ρ in F, die mit E
verträglich sind, gilt $\rho \subset \pi_E$, d.h. π_E ist
die größte derartige Linkskongruenz.

   Beweis: 1. Für festes $h \in F$ liefert das Prädikat
$hf \in E \leftrightarrow hg \in E$ eine Äquivalenzrelation (vom Index
≤ 2), weshalb π_E Durchschnitt von solchen Äquivalenzrelationen und daher selbst eine ist.
Ist nun $f \ \pi_E \ g$ und $k \in F$, so folgt aus (17.5)
mit $h := k$: $kf \in E \leftrightarrow kg \in E$ und ebenso mit
$hk \in F$: $hkf \in E \leftrightarrow hkg \in E$ für beliebiges $h \in F$.
Also gilt $(kf) \ \pi_E \ (kg)$.

     2. Sei nun $k \in \pi_E f \cap E$ für ein $k \in F$ und
sei $g \in \pi_E f$. Da auch $k \in \pi_E f$, gilt folglich
$k \ \pi_E \ g$, woraus mit (17.5) insbesondere $k \in E \leftrightarrow g \in E$

folgt. Da überdies schon $k \in E$ vorausgesetzt war, gilt $g \in E$, also $\pi_E f \subset E$.

3. Sei ρ eine mit E verträgliche Linkskongruenz und $f \rho g$. Da ρ Linkskongruenz ist, gilt $(hf) \rho (hg)$ für alle $h \in F$. Sei nun $hf \in E$, so gilt $hf \in \rho(hg) \cap E$ und mit der Verträglichkeit von ρ mit E folgt $\rho(hg) \subset E$, und man erhält $hg \in E$. Also gilt die Implikation $hf \in E \to hg \in E$. Die umgekehrte Richtung zeigt man analog und ebenso die Gültigkeit von $f \in E \leftrightarrow g \in E$. Also ist auch $f \pi_E g$ und daher $\rho \subset \pi_E$, da die Argumentation für beliebige $f,g \in F$ richtig ist.

Der folgende Satz charakterisiert nun die Zugehörigkeit von E zur $\mathfrak{R}(F)$ durch den Index der Linkskongruenz π_E (vgl. Abschnitt 4).

(17.7) <u>Satz</u>. $E \in \mathfrak{R}(F)$ gilt genau dann, wenn die Linkskongruenz π_E endlichen Index hat.

Beweis: Notwendigkeit. Wenn $E \in \mathfrak{R}(F)$, so gibt es einen Analysator

$$\mathfrak{M} = <F, {}_F S, s_0, T>$$

mit endlichem S, der E akzeptiert. Betrachten wir die durch

$$f \rho g :\Leftrightarrow fs_0 = gs_0$$

gegebene Linkskongruenz ρ in F, so liefert die Zuordnung $\rho f \mapsto fs_0$ einen Monomorphismus von ${}_F(F/\rho)$ in ${}_F S$, weshalb ρ endlichen Index, d.h. nur endlich viele Klassen in F hat. Überdies ist ρ mit E verträglich. Denn sei $g \in \rho f \cap E$ und $k \in \rho f$, so gilt der Reihe nach $gs_0 = fs_0$, $gs_0 \in T$ und $ks_0 = fs_0$. Also erhält man $ks_0 \in T$ oder auch $k \in E$, d.h. aber $\rho f \subset E$.

Nach Satz (17.6) Nr.3 ist daher $\rho \subset \pi_E$. Folglich gilt $\text{ind}(\rho) \geq \text{ind}(\pi_E)$, weil π_E nicht mehr Klassen haben kann als ρ , und π_E hat ebenfalls endlichen Index.

Hinlänglichkeit. Hat π_E endlichen Index, so heißt das gerade, daß F/π_E eine endliche Menge ist. Erweitern wir noch den Quotientensemimodul $_F(F/\pi_E)$ um ein Element ω mit der Festsetzung $f\omega := \pi_E f$, so ist auch $F/\pi_E \cup \{\omega\}$ ein endlicher F-Semimodul. Ferner sei

$$\overline{E} := \{\pi_E f : f \in E\} ,$$

wodurch $\overline{E} \subset F/\pi_E$ einwandfrei definiert ist, da π_E mit E verträglich ist und E aus Klassen von π_E besteht. Damit ist

$$\mathfrak{M} = \langle F, \;_F(F/\pi_E \cup \{\omega\}) , \omega , \overline{E}\rangle$$

ein endlicher Analysator und es gilt $E = E(\mathfrak{M})$, denn $f\omega \in \overline{E}$ ist gleichbedeutend mit $\pi_E f \in \overline{E}$, und dies mit $f \in E$. Also ist $E \in \mathfrak{R}(F)$ nachgewiesen.

An dieser Stelle können wir nun die Abgeschlossenheit von $\mathfrak{R}(F)$ gegen die regulären Operationen für eine spezielle Klasse von Halbgruppen, die die Gruppen enthält, nachweisen.

(17.8) <u>Satz</u>. Die Halbgruppe F habe die folgende Eigenschaft: Wenn immer $kf = de$ für $k,f,d,e \in F$ ist, so gibt es ein $k' \in F$ derart, daß $k'f = e$ und $dk' = k$ ist.
Dann gilt, daß $\mathfrak{R}(F)$ gegen die regulären Operationen abgeschlossen ist.

Beweis: Wegen Satz (17.3) ist die Aussage noch für das Komplexprodukt und die Sternoperation zu zeigen. Sei $E \in \mathfrak{R}(F)$, so hat π_E endlichen Index. Wir

werden mit Hilfe der für F geforderten Eigenschaft
zeigen, daß π_{DE} und π_{E^*} dann auch endliche Indizes haben, womit DE,E* $\in \mathfrak{R}(F)$ ist.
Anstelle von π_E werden wir zunächst die Relation

$$f \pi'_E g :\Leftrightarrow \forall k \in F : kf \in E \leftrightarrow kg \in E$$

betrachten.

1. $\pi'_E \subset \pi'_{DE}$. Sei $(f,g) \in \pi'_E$, so gilt
   $kf \in E \leftrightarrow kg \in E$ für jedes $k \in F$. Ist nun
   $kf \in DE$, so heißt das $kf = de$ für $d \in D$ und
   $e \in E$. Nach Voraussetzung ist dann $k'f = e$ und
   $dk' = k$ für ein $k' \in F$. Da auch π'_E eine
   Linkskongruenz ist, gilt $(k'f,k'g) \in \pi'_E$, weshalb mit $k'f = e \in E$ auch $k'g \in E$ folgt. Daher
   ist $dk'g = kg \in DE$.
   Analog zeigt man die Implikation $kg \in DE \to kf \in DE$.
   Da beides für alle $k \in F$ gilt, hat man $\pi'_E \subset \pi'_{DE}$
   gezeigt.

2. $\pi'_E \subset \pi'_{E^*}$. Sei wieder $(f,g) \in \pi'_E$, so ist
   auch $(kf,kg) \in \pi'_E$.
   Ist nun $kf \in E^*$, so gibt es zwei Fälle:

   a) $kf \in E$. Hier folgt aus $(kf,kg) \in \pi'_E$ unmit-
      telbar $kg \in E \subset E^*$.

   b) $kf \in E^n \cdot E$ für ein $n \geq 1$. Setzt man nun
      $D := E^n$, so kann man wie unter 1. argumentie-
      ren.
      Daher gilt auch hier $kf \in E^* \leftrightarrow kg \in E^*$ für
      alle $k \in F$ und somit $\pi'_E \subset \pi'_{E^*}$.

Nun ist aber $\pi_E = \pi'_E \cap \rho(E)$, weshalb mit 1.
$\pi_E \subset \pi'_{DE} \cap \rho(E)$ und mit 2. auch $\pi_E \subset \pi'_{E^*} \cap \rho(E)$.
Da der Index von π_E voraussetzungsgemäß endlich
ist, sind auch die Indizes $\text{ind}[\pi'_{DE} \cap \rho(E)]$ und
$\text{ind}[\pi'_{E^*} \cap \rho(E)]$ endlich. Schließlich ist

$$[\pi'_{DE} \cap \rho(E)] \cap \rho(DE) = \pi_{DE} \cap \rho(E) \subset \pi_{DE}$$

$$[\pi'_{E^*} \cap \rho(E)] \cap \rho(E^*) = \pi_{E^*} \cap \rho(E) \subset \pi_{E^*},$$

woraus die Endlichkeit der Indizes von π_{DE} und π_{E^*} deshalb folgt, weil $\rho(DE)$ und $\rho(E^*)$ höchstens vom Index 2 sind.

Die Voraussetzung des letzten Satzes über die Halbgruppe F ist z.B. für Gruppen erfüllt, denn ist kf = de , so leistet k' := d⁻¹k das Gewünschte. Ebenso ist die Voraussetzung für Halbgruppen erfüllt, die vom Typ des in Abschnitt 3 behandelten Suschkewitschkerns sind (vgl. Übung (17.6)). Doch gelingt es in diesem eingeschränkten Fall nicht, irgendwelche leicht zu beschreibende Mengen E anzugeben, die in $\mathcal{R}(F)$ liegen und mit deren Hilfe man alle Elemente aus $\mathcal{R}(F)$ durch Anwendung der regulären Operationen erhält. Schon für nichtendliche Gruppen sind z.B. die einelementigen Mengen nicht in $\mathcal{R}(F)$ (Übung (17.7)). Die Übung (17.8) beleuchtet nochmals die Schwierigkeit, $\mathcal{R}(F)$ selbst im Gruppenfall allgemein zu beschreiben.

So wenden wir uns jetzt den freien Halbgruppen zu und nehmen mehr aus schreibtechnischen denn inhaltlichen Gründen an, daß

$$F = F^1$$

ist, daß F also ein Einselement hat.
Zur Motivierung der folgenden, vorbereitenden Sätze, die übrigens noch allgemein gelten, sei die Beweisidee vorweggenommen.
Zu der Menge D wird eine Äquivalenzrelation κ konstruiert, die endlichen Index hat, sofern π_D von endlichem Index ist. Dann wird $\pi_E \cap \kappa \subset \pi_{DE}$ gezeigt, woraus die Endlichkeit des Index von π_{DE} folgt, sofern auch noch π_E von endlichem Index ist.
Ebenso wird aus D eine weitere Äquivalenzrelation σ konstruiert, die endlichen Index hat, sofern π_D von endlichem Index ist, und es wird $\sigma \subset \pi_D$ gezeigt.
Ähnlich (17.5) ist durch

$$f \,\tilde{\pi}_E\, g \;:\!\Leftrightarrow\; \forall h \in F^1 : fh \in E \leftrightarrow gh \in E$$

eine Rechtskongruenz in F definiert, für die ein dem Satz
(17.6) analoges Resultat gilt.

(17.9) <u>Satz</u>. π_E hat endlichen Index genau dann, wenn $\hat{\pi}_E$ endlichen Index hat.

Beweis: Notwendigkeit. Sei $h\, \pi_E\, h_1$ so gilt
$fh \in E \leftrightarrow fh_1 \in E$ und $gh \in E \leftrightarrow gh_1 \in E$ für beliebige $f,g \in F$. Ist nun $fh_1 \in E \leftrightarrow gh_1 \in E$, so ist diese Äquivalenz unter Beachtung der vorhergehenden beiden Äquivalenzen mit $fh \in E \leftrightarrow gh \in E$ äquivalent. Mithin gilt

$$(fh_1 \in E \leftrightarrow gh_1 \in E) \asymp \forall h \in \pi_E h_1 : fh \in E \leftrightarrow gh \in E,$$

d.h. aber, daß die Quantisierung $\forall h \in F^1$:
$fh \in E \leftrightarrow gh \in E$ auf ein Repräsentantensystem der Relation π_E beschränkt werden kann:
Ist $R := \{h_1, h_2, \ldots, h_n\}$ ein endliches Repräsentantensystem von π_E, das es nach Voraussetzung gibt, so gilt

$$f\, \hat{\pi}_E\, g \asymp \forall h \in R : fh \in E \leftrightarrow gh \in E.$$

Die Relation

$$f\, \delta_h\, g \; :\asymp \; fh \in E \leftrightarrow gh \in E$$

ist eine Äquivalenzrelation mit höchstens zwei Klassen in F, also $\text{ind}(\delta_h) \leq 2$. Da nun

$$\hat{\pi}_E = \bigcap_{h \in R} \delta_h$$

gilt, erhält man mit Übung (4.5) $\text{ind}(\hat{\pi}_E) \leq 2^n$ und $\hat{\pi}_E$ hat endlichen Index.
Die Umkehrung beweist man analog.

Zur Konstruktion der beiden Hilfsrelationen κ und σ benötigen wir die beiden folgenden Prädikate.

(17.10)
$$K(h,f) :\!\ast\ \exists f_1,f_2 \epsilon F\colon f = f_1 f_2 \wedge hf_1 \epsilon D \wedge f_2 \epsilon E$$
$$\Sigma(h,f) :\!\ast\ \exists f_1,f_2 \epsilon F\colon f = f_1 f_2 \wedge hf_1 \epsilon D \wedge f_2 \epsilon D^* \cup \{1\}.$$

Mit ihnen definieren wir die Relationen

$$f\ \kappa_h\ g\ :\!\ast\ K(h,f) \leftrightarrow K(h,g)$$

$$f\ \sigma_h\ g\ :\!\ast\ \Sigma(h,f) \leftrightarrow \Sigma(h,g)\ ,$$

die ersichtlich beide Äquivalenzrelationen sind und die beide höchstens zwei Klassen haben können:

$$\mathrm{ind}(\kappa_h) \leq 2 \qquad \mathrm{ind}(\sigma_h) \leq 2\ .$$

Schließlich sind die Relationen

$$\kappa := \bigcap_{h \epsilon F} \kappa_h \qquad \sigma := \bigcap_{h \epsilon F} \sigma_h$$

als Durchschnitte von Äquivalenzrelationen ebenfalls Äquivalenzrelationen. Für sie gilt der entscheidende

(17.11) **Satz.** Ist $F = W(X)^1$ eine freie Halbgruppe mit Einselement, so gilt mit den vorangehenden Bezeichnungen:

1. $\qquad \pi_E \cap \kappa \subset \pi_{DE}$

2. $\qquad \sigma \subset \pi_{D^*}$

Beweis: 1. Sei $f\ \pi_E\ g$ und $f\ \kappa\ g$. Ist nun $hf \epsilon DE$, so gilt $hf = de$ für $d \epsilon D$ und $e \epsilon E$, und wir haben aufgrund der Freiheit von F nur die folgenden zwei Fälle zu unterscheiden:

a) $\qquad dh' = h\ ,\ h'f = e$

b) $\qquad h'e = h\ ,\ hh' = d$

für ein $h' \in F$.

a) Da $h'f = e \in E$ ist, folgt mit $f \pi_E g$ auch $h'g \in E$. Folglich ist $dh'g = hg \in DE$.

b) Da nun $f = f'e$, $hh' = d \in D$ und $e \in E$ ist, trifft das Prädikat $K(h,f)$ zu (vgl. (17.10)). Aus $f \kappa g$ folgt aber insbesondere $f \kappa_h g$, d.h. auch $K(h,g)$ trifft zu, was besagen will, daß es g',e' gibt derart, daß $g = g'e'$, $hg' \in D$ und $e' \in E$. Infolgedessen ist $hg'e' =$ $= hg \in DE$.

Wir haben also für beide Fälle die Implikation $hf \in DE \rightarrow hg \in DE$ gezeigt; die Umkehrung ist analog zu beweisen. Daher gilt, weil $h \in F$ beliebig war, $f \pi_{DE} g$.

2. Sei nun $f \sigma g$. Ist $hf \in D^*$, so gibt es aufgrund der Freiheit von F Elemente $h_1, h_2, f_1, f_2 \in F$ derart, daß $h = h_1 h_2$, $f = f_1 f_2$ gilt und

$$h_1 \in D^* \cup \{1\}$$
$$h_2 f_1 \in D$$
$$f_2 \in D^* \cup \{1\} .$$

Aus der zweiten und dritten Beziehung folgt die Gültigkeit von $\Sigma(h_2,f)$. Da $f \sigma g$, gilt auch $f \sigma_{h_2} g$, weshalb $\Sigma(h_2,g)$ zutrifft: es gibt g_1, g_2 derart, daß $h_2 g_1 \in D$ und $g \in D^* \cup \{1\}$. Folglich ist $h_1 h_2 g_1 g_2 = hg \in D^*$. Wir haben also auch hier die Implikation $hf \in D^* \rightarrow hg \in D^*$ für beliebiges $h \in F$ gezeigt, und die Umkehrung verläuft analog. Also gilt auch $f \pi_{D^*} g$.

Nun haben wir alle Vorbereitungen getroffen, um die Abgeschlossenheit von $\mathfrak{R}(F)$ gegen die regulären Operationen für freie Halbgruppen F zeigen zu können.

(17.12) <u>Satz</u>. Sei $F = W(X)^1$ eine freie Halbgruppe mit Einselement, so ist $\mathcal{R}(F)$ gegen die regulären Operationen abgeschlossen.

Beweis: Wegen Satz (17.3) braucht die Behauptung nur für das Komplexprodukt und die Sternoperation gezeigt zu werden.
Seien $E, D \in \mathcal{R}(F)$. Mit Satz (17.7) folgt, daß π_E, π_D endliche Indizes haben. Wenn wir damit zeigen können, daß die Relationen κ und σ ebenfalls endliche Indizes haben, so folgt mit Satz (17.11), daß auch π_{DE} und π_{D*} endliche Indizes haben, also $DE, D^* \in \mathcal{R}(F)$ ist.

κ und σ haben endlichen Index:
Sei $h \, \bar{\pi}_D \, h_1$, so gilt $hf_1 \in D \leftrightarrow h_1 f_1 \in D$, womit aber die Äquivalenz $K(h,f) \leftrightarrow K(h_1,f)$ und ebenso $\Sigma(h,f) \leftrightarrow \Sigma(h_1,f)$ zutreffen. Also gilt

(17.13) $h \, \bar{\pi}_D \, h_1 \to (\kappa_h = \kappa_{h_1} \land \sigma_h = \sigma_{h_1})$.

Weil π_D endlichen Index hat, hat auch $\bar{\pi}_D$ einen endlichen Index (Satz (17.9)), und es sei

$$\{h_1, h_2, \ldots, h_m\}$$

ein Repräsentantensystem von $\bar{\pi}_D$. Mit Hilfe von (17.13) aber erhält man dann

$$\kappa = \bigcap_{i=1}^m \kappa_{h_i} \qquad \sigma = \bigcap_{i=1}^m \sigma_{h_i} \quad ,$$

womit die Relationen κ und σ als endliche Durchschnitte von Äquivalenzrelationen κ_h bzw. σ_h mit endlichen Indizes (≤ 2) ebenfalls von endlichem Index ($\leq 2^m$) sind.

Der zum Schluß erfolgte Nachweis der Endlichkeit der Indizes von κ und σ benötigte die Freiheit von F nicht, so daß

die Freiheit von F wesentlich nur über den Satz (17.11)
als Forderung in den letzten Satz hineinkommt.
Die genauere Untersuchung des Beweisganges von Satz (17.11)
führte denn auch zu der Abschwächung der Voraussetzung, wie
sie in Satz (17.8) verwendet wurde.
Seltsamerweise ist $\mathfrak{R}(F)$ schon nicht mehr gegen die regulären Operationen abgeschlossen, wenn F eine freie *abelsche* Halbgruppe ist, d.h. eine Worthalbgruppe, in der überdies stets uv = vu gilt. Eine solche Halbgruppe ist z.B.
die der natürlichen Zahlen unter der Multiplikation (vgl.
Übung (17.9)).

Die im letzten Satz bewiesene Abgeschlossenheit soll nun dazu benutzt werden, die Menge $\mathfrak{R}(F)$ näher zu charakterisieren.

(17.4) <u>Satz</u>. Ist $F = W(X)^1$, so gilt für jede endliche
Teilmenge $E \subset F$ auch $E \in \mathfrak{R}(F)$.

Beweis: Der Nachweis der Behauptung ist erbracht,
wenn die Behauptung für einelementige Mengen $E = \{u\}$
bewiesen ist, da $\mathfrak{R}(F)$ gegen die Vereinigung abgeschlossen ist.

1. $u = 1$. Die Menge $S := \{s_0, s_1\}$ wird durch

$$1s_0 := s_0 \; , \quad 1s_1 := s_1 \; , \quad xs_0 := s_1 \; , \quad xs_1 := s_1$$

mit $x \in X$ zu einem F-Semimodul (vgl. Satz (6.9)),
und offensichtlich akzeptiert

$$<F, {}_FS , s_0 , \{s_0\}>$$

gerade $\{1\}$.

2. $u \neq 1$. Hier ist $u = x_n x_{n-1} \ldots x_2 x_1$ mit $x_i \in X$
und $n \geq 1$. Die Menge $S := \{t, s_0, s_1, \ldots, s_n\}$
wird durch

$$yt := t$$

$$ys_i := \begin{cases} s_{i+1} & \text{falls} \quad y = x_{j+1} \quad \text{und} \quad i < n \\ & \hspace{4em} (y \in X, \ i = o \ldots n) \\ t & \text{sonst} \end{cases}$$

zu einem F-Semimodul, der außerdem unital sein soll. Dann akzeptiert

$$<F, {}_FS, s_o, \{s_n\}>$$

gerade $\{u\}$.

Danach enthält $\mathcal{R}(F)$ alle endlichen Teilmengen von F, die leere Menge und F selbst (vgl. Satz (17.3)), sowie diejenigen, die durch endlichmaliges Anwenden der fünf regulären Operationen daraus entstehen.
Nun liegt es nahe zu vermuten, daß so auch alle Elemente von $\mathcal{R}(F)$ erfaßt werden, zumal ja auch sonst der Aufwand, der für den Beweis des Satzes (17.12) getrieben wurde, gar nicht zu rechtfertigen wäre.
Um nun die Vermutung präzisieren zu können, müssen wir noch eine neue Sprechweise einführen.

(17.15) <u>Definition</u> der *regulären Ereignisse* (oder *regulären Mengen*).

1. Die leere Menge, $W(X)^1$ und jede endliche Teilmenge $R \subset W(X)^1$ sind reguläre Ereignisse.

2. Sind R_1, R_2 reguläre Ereignisse, so auch die Mengen $R_1 \cup R_2$, $\complement R_1$, $R_1 R_2$, und R_1^*.

Genau diejenigen Teilmengen von $W(X)^1$, die nach 1. und 2. erhalten werden, sind die regulären Ereignisse.

Daß wir hier die Durchschnittsbildung außer Betracht gelassen haben, spielt wegen der Gültigkeit der Regeln von DE-MORGAN keine Rolle.

In der neuen Sprechweise besagen die Sätze (17.3), (17.12) und (17.14), daß $\Re(W(X)^1)$ alle regulären Ereignisse enthält, sowie die nun zu beweisende Vermutung, daß auch umgekehrt jedes $E \in \Re(W(X)^1)$ ein reguläres Ereignis ist. Allerdings muß nun das Alphabet X auch noch endlich sein.

(17.16) <u>Satz</u>. Ist $F = W(X)^1$ eine freie Halbgruppe mit Einselement und ist X eine endliche Menge, so ist jedes $E \in \Re(F)$ ein reguläres Ereignis.

Beweis: Ist $E \in \Re(F)$, so gibt es einen Analysator

$$<F, {}_F S, s_1, T>$$

mit endlichem S, der E akzeptiert, und wir denken uns die Elemente von S durchnumeriert:

$$S = \{s_1, s_2, \ldots, s_n\}.$$

A) Für das Folgende bezeichne

$$S_k := \{s_1, s_2, \ldots, s_k\} \quad (0 \le k \le n)$$

die Mengen der ersten k Elemente von S. Dabei ist S_0 leer. Ist nun $u = x_r x_{r-1} \ldots x_2 x_1 \in F$, so sei $u_p := x_p x_{p-1} \ldots x_1$ $(1 \le p < r)$, ein Rechtsteiler von u, und wir betrachten diejenigen $u \in F$, die zwei Elemente s_i, s_j ineinander so überführen $(us_i = s_j)$, daß dabei nur Zustände aus S_k durchlaufen werden:

$$E^k_{i,j} := \{u \in F : u \ne 1, us_i = s_j,$$

$$u_p s_i \in S_k \text{ für } 1 \le p < r\}.$$

Dabei ist natürlich $1 \le i, j, k \le n$. Für diese Mengen gilt:

(17.17) $E_{i,j}^k = E_{i,j}^{k-1} \cup E_{k,j}^{k-1} \cdot \left(E_{k,k}^{k-1}\right)^* \cdot E_{i,k}^{k-1} \cup E_{k,j}^{k-1} \cdot E_{i,k}^{k-1}$

was nun bewiesen werden soll.

" $\subset$ " : Ist $u \in E_{i,j}^k$, so sind zwei Fälle zu unterscheiden:

a) Für alle p mit $1 \le p < r$ gilt $u_p s_i \ne s_k$, dann ist $u_p s_i \in S_{k-1}$, womit $u \in E_{i,j}^{k-1}$.

b) Es gibt p mit $1 \le p < r$, so daß $u_p s_i = s_k$, und diese seien gerade $p_1, p_2, \ldots, p_\mu$ mit $\mu \ge 1$, wobei $1 \le p_1 < p_2 < \cdots < p_\mu < r$. Da nunmehr für $p \ne p_\lambda$ stets $u_p s_i \ne s_k$ ist, hat man $u_p s_i \in S_{k-1}$, weshalb

$$u_{p_1} \in E_{i,k}^{k-1}$$
$$x_{p_{\lambda+1}} x_{p_{\lambda+1}-1} \cdots x_{p_\lambda+1} \in E_{k,k}^{k-1} \qquad (\lambda = 1, 2, \ldots \mu-1)$$
$$x_r x_{r-1} \cdots x_{p_\mu+1} \in E_{k,j}^{k-1}$$

Also ist hier

$$u \in E_{k,j}^{k-1} \cdot \left(E_{k,k}^{k-1}\right)^* \cdot E_{i,k}^{k-1} \cup E_{k,j}^{k-1} \cdot E_{i,k}^{k-1} .$$

" $\supset$ " : $E_{i,j}^k \supset E_{i,j}^{k-1}$ ist sofort zu sehen. Ist $\bar{u} \in E_{k,j}^{k-1} \cdot \left(E_{k,k}^{k-1}\right)^* \cdot E_{i,k}^{k-1}$, so kann man $\bar{u} = u v_q v_{q-1} \cdots v_1 w$ mit $u \in E_{k,j}^{k-1}$, $v_\lambda \in E_{k,k}^{k-1}$, $w \in E_{i,k}^{k-1}$ schreiben $(\lambda = 1, 2, \ldots, q)$. Folglich ist sicher $\bar{u} s_i = s_j$. Da ferner $w s_i = s_k$, kommt s_k als Zwischenzustand vor, weshalb $\bar{u} \in E_{i,j}^k$. Ebenso ist für $\bar{u} \in E_{k,j}^{k-1} \cdot E_{i,k}^{k-1}$ zu argumentieren.

B) Wegen (17.17) ist $E_{i,j}^k$ ein reguläres Ereignis, wenn es die rechts auftretenden Konstituenten sind. Nun gilt

$$E_{i,j}^o \subset X ,$$

denn ist $u \in E_{i,j}^o$, so gilt $u \neq 1$, und wäre $|u|>1$, nämlich $u = x_r \ldots x_1$ mit $r > 1$, so liegt bereits $x_1 s_i$ in einem S_k mit $k \geq 1$. Also ist $|u| = 1$ und $u \in X$.
Da nun X als endlich vorausgesetzt ist, ist $E_{i,j}^o$ ebenfalls endlich und somit ein reguläres Ereignis. Durch Induktion über k beweist man dann mit (17.17), daß jedes $E_{i,j}^k$ ein reguläres Ereignis ist.

C) Da offensichtlich für $u \in W(X)$

$$u s_i = s_j \;\not\Leftrightarrow\; u \in E_{i,j}^n$$

gilt, ist die Menge $\{u \in W(X) : us_1 = t\}$ für jedes $t \in T$ ein reguläres Ereignis der Form $E_{1,j}^n$, und damit ist auch die Menge $\{u \in W(X) : us_1 \in T\}$ regulär, denn S ist endlich und deshalb auch T.
$E(\mathfrak{M})$ unterscheidet sich aber von dieser als reguläres Ereignis erkannten Menge höchstens noch um das Einselement, so daß nach Satz (17.14) auch $E(\mathfrak{M})$ ein reguläres Ereignis ist.

So haben wir nach einem langen Weg das zu Anfang dieses Abschnitts gesteckte Ziel, die Urbildmengen $\lambda_s^{-1}(L)$ wenigstens für freie Eingabehalbgruppen zu charakterisieren, erreicht: sie lassen sich stets durch die regulären Operationen aus den endlichen Teilmengen von $W(X)$[1] aufbauen.

Übungen zu 17.

1. Sei $<W(X), {}_{W(X)}S, \lambda, W(0)>$ ein Automat mit endlichem Alphabet X, so ist für alle $a \in W(0)$ und jedes $s \in S$ die Urbildmenge $\lambda_s^{-1}(a)$ endlich und damit erkennbar und regulär.

2. Ist $E \in \mathfrak{R}(F)$, so gilt für die sogenannte Ergänzung $E^O := \{f \in F : Ff \cap E \neq \emptyset\}$ ebenfalls $E^O \in \mathfrak{R}(F)$. (Hinweis: mit $T^O := \{s \in S : Fs \cap T \neq \emptyset\}$ akzeptiert $<F, {}_FS, s_o, T^O>$ gerade E^O).

3. Sei S eine endliche Menge und $\{\rho_x : x \in X\}$ eine Familie von Relationen auf S. Bezeichne P die von allen ρ_x mit der Komposition von Relationen als Verknüpfung erzeugte Halbgruppe (vgl. Definition (4.2) und Satz (4.3)), so heißt das System $\mathfrak{A} = <P, S, A, T>$ mit $A \subset S$ und $T \subset S$ ein *nichtdeterministischer Automat*.
Setzt man für Teilmengen $U, V \subset S$:

$$U \rho V :\Leftrightarrow \exists u \in U\ \exists v \in V : u \rho v,$$

so sei $E(\mathfrak{A}) = \{\rho \in P : A \rho T\}$. Mit

$$\rho U := \bigcup_{u \in U} \rho u$$

(vgl. Definition (4.5)) ist die Zuordnung $(\rho, U) \mapsto \rho U$ eine Funktion, durch die die Potenzmenge 2^S von S zu einem P-Links-Semimodul wird (Teilmengenkonstruktion von MYHILL), und es ist

$$<P, {}_P(2^S), A, \{U: U \cap T \neq \emptyset\}>$$

ein Analysator, der $E(\mathfrak{A})$ akzeptiert.

4. Enthalte die Halbgruppe F ein Einselement, sei $E \subset F$ beliebig und π_E die Relation gemäß (17.5). Dann ist

$$<F, {}_F(F/\pi_E), \lambda, LN(\{0,L\})>$$

mit

$$\lambda(f,\pi_E g) := \begin{cases} L & \text{falls} \quad fg \in E \\ 0 & \text{sonst} \end{cases}$$

ein reduzierter Automat.

5. Akzeptiert der Analysator $<F, {}_FS, s_0, T>$ die Menge E, so tut dies auch der Analysator
   $<F, {}_F(Fs_0 \cup \{s_0\}), s_0, T \cap (Fs_0 \cup \{s_0\})>$.

6. Die Halbgruppe F erfülle die Voraussetzungen des Satzes (3.10) und es sei F = K . Man zeige, daß dann die Voraussetzung des Satzes (17.8) erfüllt ist.

7. Ist F eine Gruppe und $f \in F$, so ist $E = \{f\} \in \mathcal{R}(F)$ genau dann, wenn F endlich ist.
   (Hinweis: man zeige, daß π_E die identische Relation ist.)

8. Ist F eine Gruppe, so ist $E \in \mathcal{R}(F)$ genau dann, wenn E eine Vereinigung von Linksnebenklassen fU einer Untergruppe U von endlichem Index ist.
   (Hinweis: Für die Notwendigkeit zeige man zuerst, daß man für den Analysator $<F, {}_FS, s_0, T>$, der E akzeptiert, ohne Beschränkung der Allgemeinheit voraussetzen darf, daß ${}_FS$ unital und dann auch irreduzibel ist. Vgl. auch Übung (17.5))

9. Sei $F = \mathbb{N}$ mit der gewöhnlichen Multiplikation. Ist $E = \mathbb{N} \cdot d$, so gilt $f \pi_E g$ genau dann, wenn $ggT(f,d) = ggT(g,d)$. Der Index von π_E ist gleich der Anzahl der Teiler von d .

10. Sei $F = K(P)^1$ eine freie abelsche Halbgruppe mit Eins (d.h. $F = W(P)^1$ mit der zusätzlichen Regel $uv = vu$ für alle $u,v \in W(P)$) , so ist $\mathcal{R}(F)$ nicht gegen die Sternoperation abgeschlossen, was durch ein Gegenbeispiel bewiesen wird:
    Ist $n \in F$, mit $n = p_1^{\nu_1} p_2^{\nu_2} \ldots p_k^{\nu_k}$, wobei $k \geq 1$, $\nu_i \geq 1$ und $p_i \in P$, so gilt
    A) $D := \{n\} \in \mathcal{R}(F)$ und

B) $E := D^* \in \mathfrak{A}(F)$ genau dann, wenn $k = 1$.

Zu A: Sei $T(n)$ die Menge aller Teiler von n, so bilden die Mengen $F \setminus T(n)$ und $\{t\}$ mit $t \in T(n)$ gerade die Klassen von π_D, d.h. $\text{ind}(\pi_D) =$
$= (\nu_1+1)(\nu_2+1)\ldots(\nu_k+1) + 1$.

Zu B: Der Nachweis ist ziemlich aufwendig. Da $E = D^*$ ist, gilt $E = \{n^\alpha : \alpha \geq 1\}$. Mit
$H := \{p_1^{\alpha_1} p_2^{\alpha_2} \ldots p_k^{\alpha_k} : \alpha_i \geq 0\}$ gilt: H ist Unterhalbgruppe, $1 \in H$ und $H \supset E$.
Man zeige nun der Reihe nach:

B1: Zu jedem $f \in H$ existiert ein $h \in H$, so daß $hf \in E$.

B2: $\overline{H} := F \setminus H$ ist eine Klasse von π_E (mit B1).

B3: $\{1\}$ ist eine Klasse von π_E (mit B1, B2).

B4: Ist $f \neq 1$, so gilt: fE^1 ist in der Klasse $\pi_E f$ enthalten.

B5: E ist eine Klasse von π_E (mit B4).

B6: Ist $f, g \in H$, $f \neq g$ und $f \pi_E g$, so gilt $f \in gE$ oder $g \in fE$ (mit B1).

B7: Ist $f \in H$, $f \neq 1$ und $f \notin Fn$, so gilt $\pi_E f = fE^1$ (mit B4, B6).

B8: Ist $f \in H \setminus E^1$, so gibt es ein $g \in F$ mit den folgenden Eigenschaften: $g \notin Fn$, $g \in H$, $g \neq 1$ und $\pi_E f = gE^1$ (mit B7).

B9: Wegen B2, B3, B5, B8 hat π_E als Klassen die folgenden Mengen:
$\overline{H}, \{1\}, E, gE^1$, wobei $g \in R_n := \{g \in H: g \notin Fn, g \neq 1\}$.
Ist $k = 1$, so ist $\text{card}(R_n) = \nu_1 - 1$, also $\text{ind}(\pi_E) = \nu_1 + 2$. Ist $k > 1$, so ist R_n nicht endlich.

Häufig verwendete Symbole

$\complement A$ Komplement der Menge A bezüglich einer anderen Menge

$A \subset B$ Die Menge A ist (nicht notwendig echte) Teilmenge der Menge B

card(A)   Mächtigkeit, Kardinalität der Menge A

$\varphi | A$ Diejenige Abbildung, die durch Einschränkung der Abbildung φ auf die Menge A gegeben ist

$|u|$ Länge eines Wortes u aus einer Worthalbgruppe

$\mathbb{N}$ Menge der natürlichen Zahlen $1,2,\ldots$.

$\mathbb{R}$ Menge der reellen Zahlen

$:=$ Definitorische Gleichsetzung

Die logischen Symbole $\forall$, $\exists$, $\wedge$, $\vee$, $\rightarrow$, $\leftrightarrow$ werden in der üblichen Bedeutung gelegentlich zur Abkürzung von Aussagen verwendet.

$\approx$ Bewiesene Äquivalenz zweier Aussagen

$:\approx$ Definitorische Äquivalenz von Aussagen

Literaturverzeichnis

A.H.CLIFFORD, G.B.PRESTON: The algebraic theory of semigroups I,II. American Mathematical Society 1961/1967

W.SPECHT: Gruppentheorie. Springer 1956

H.WIELANDT: Finite permutation groups. Academic Press 1964

* * *

K.H.BÖHLING, K.INDERMARK: Endliche Automaten I,II. Bibliographisches Institut H703,704

S.GINSBURG: An introduction to mathematical machine theory. Addison-Wesley 1962

A.GINZBURG: Algebraic theory of automata. Academic Press 1968

W.M.GLUSCHKOW: Theorie der abstrakten Automaten. VEB Deutscher Verlag der Wissenschaften 1963

J.HARTMANIS, R.E.STEARNS: Algebraic structure theory of sequential machines. Prentice Hall 1966

G.HOTZ: Automatentheorie und formale Sprachen I,II. Bibliographisches Institut 821/822

A.SALOMAA: Theory of automata. Pergamon Press 1969

P.H.STARKE: Abstrakte Automaten. VEB Deutscher Verlag der Wissenschaften 1969

J.T.TOU (Ed.): Applied automata theory. Academic Press 1968

* * *

A.GILL: Linear sequential circuits. Mc Graw - Hill 1966

B.REUSCH: Lineare Automaten. Bibliographisches Institut 708

Sachverzeichnis

abelsche Halbgruppe	5
Adjunktion (einer Eins)	7
Äquivalenzklassen	36
Äquivalenzrelation	35
Äquivalenz (von Zuständen)	143
akzeptierte Menge	175
Allrelation	33
Alphabet	16
Analysator	174
antisymmetrisch	35
Ausgabealphabet	130
Ausgabefunktion	130, 133
Ausgabehalbgruppe	133
Automat	130, 133
Automatenbedingung	133
Automorphismengruppe	65
Automorphismus	14, 62
Bisemimodul	64
direktes Produkt	19, 65, 165
direkte Summe	66, 142
direkte Zerlegung	67
direkt unzerlegbar	67
Eingabealphabet	130
Eingabehalbgruppe	133
Eins	6
Einselement	6
endlich erzeugt	57
Endomorphismus	14, 62
Epimorphismus	14, 62
erkennbar	175
Erzeugendensystem	11, 57
erzeugte Äquivalenzrelation	37
erzeugte Unterhalbgruppe	11
frei	15, 68
freies Erzeugendensystem	15, 68
Gruppe	7
Halbgruppe	5
homomorphes Bild	14, 62
Homomorphismus	14, 62, 137
idempotent	8
identische Relation	33
Index (einer Äquivalenzrelation)	36
Index (einer Untergruppe)	49
irreduzibel	57
isomorph	14, 62, 148
Isomorphismus	14, 62
kanonische Abbildung	39
Klassen	36
kommutative Halbgruppe	5
Komplexprodukt	5
Komposition (von Relationen)	34
Kongruenz (auf einer Halbgruppe)	44
Kongruenz (auf einem Semimodul)	62
Konkatenation	16
konverse Relation	34
Länge (eines Wortes)	16
linear	124, 125
Linkseins	6
Linksideal	21
Linksinverse	7
Linkskongruenz	44
linkskürzbar	12
Linksnull	6
Links-Semimodul	54
Linksteiler	12
Maximalbedingung	81
MEALY-Automat	132
Minimalbedingung	24, 81
minimales Linksideal	22
modular	96
Monoid	7
Monomorphismus	14, 62
MOORE	132
MOORE-Eigenschaft	134
Nachbereich	35
nichtdeterministischer Automat	192
Normalisator (einer Linkskongruenz)	50
Normalisator (einer Untergruppe)	51
Normalteiler	49
Null	6
Nullelement	6
Ordnungsrelation	35
Parallelverbindung (von Automaten)	165
Partition	36
Produkt	5
Quotientenautomat	144
Quotientenhalbgruppe	46
Quotientenmenge	38
Quotientensemimodul	63

Rang (einer Worthalbgruppe)	17
realisieren (von Automaten)	162
Rechtseins	6
Rechtsideal	21
Rechtsidentität modulo ρ	96
Rechtsinverse	7
Rechtskongruenz	44
rechtskürzbar	12
Rechtsnull	6
Rechts-Semimodul	55
Rechtsteiler	12
reguläre Menge	188
reguläre Operation	175
reguläres Ereignis	188
reduziert	145
REES'sche Quotientenhalbgruppe	49
reflexiv	35
Relation	33
Restklassen	36
Schaltwerktheorie	124
Semimodul	55
Semimodulbedingung	55
Serienverbindung (von Automaten)	165
Sternoperation	177
streng zusammenhängend	<u>58</u>, 135
streng zyklisch	95
Suschkewitschkern	29
symmetrisch	35
Tensorprodukt	71
transitiv	35
transitive Hülle	36
Transitivitätsgebiet	115
Transitivitätsklassen	91
treu	58
Obergangsdiagramm	121
Obergangshalbgruppe	75
unital	59
Unterautomat	142
Untergruppe	8
Unterhalbgruppe	6
Untersemimodul	57
verallgemeinerter Homomorphismus	76
verhaltensgleich	145
verträglich	177
Verträglichkeitsbedingung	14
vollreduzibel	86
Vorbereich	35
Wort	16
Wortfunktion	157
Worthalbgruppe	17
Zustand	130, <u>133</u>
zweiseitiges Ideal	<u>21</u>
zyklisch	57

Heidelberger Taschenbücher

Physik — Chemie — Technik — Mathematik — Wirtschaftswissenschaften

1. M. Born: Die Relativitätstheorie Einsteins. 5. Auflage. DM 10,80
2. K. H. Hellwege: Einführung in die Physik der Atome. 3. Auflage. DM 8,80
6. S. Flügge: Rechenmethoden der Quantentheorie. 3. Auflage. DM 10,80
7/8. G. Falk: Theoretische Physik I und Ia auf der Grundlage einer allgemeinen Dynamik.
    Band 7: Elementare Punktmechanik (I). DM 8,80
    Band 8: Aufgaben und Ergänzungen zur Punktmechanik (Ia). DM 8,80
9. K. W. Ford: Die Welt der Elementarteilchen. DM 10,80
10. R. Becker: Theorie der Wärme. DM 10,80
11. P. Stoll: Experimentelle Methoden der Kernphysik. DM 10,80
12. B. L. van der Waerden: Algebra I.
    8. Auflage der Modernen Algebra. DM 10,80
13. H. S. Green: Quantenmechanik in algebraischer Darstellung. DM 8,80
14. A. Stobbe: Volkswirtschaftliches Rechnungswesen. 2. Auflage. DM 12,80
15. L. Collatz/W. Wetterling: Optimierungsaufgaben. DM 10,80
16/17. A. Unsöld: Der neue Kosmos. DM 18,—
19. A. Sommerfeld/H. Bethe: Elektronentheorie der Metalle. DM 10,80
20. K. Marguerre: Technische Mechanik. I. Teil: Statik. DM 10,80
21. K. Marguerre: Technische Mechanik. II. Teil: Elastostatik. DM 10,80
22. K. Marguerre: Technische Mechanik. III. Teil: Kinetik. DM 12,80
23. B. L. van der Waerden: Algebra II.
    5. Auflage der Modernen Algebra. DM 14,80
26. H. Grauert/I. Lieb: Differential- und Integralrechnung I.
    2. Auflage. DM 12,80
27/28. G. Falk: Theoretische Physik II und IIa.
    Band 27: Allgemeine Dynamik. Thermodynamik (II). DM 14,80
    Band 28: Aufgaben und Ergänzungen zur Allgemeinen Dynamik und Thermodynamik (IIa). DM 12,80
30. R. Courant/D. Hilbert: Methoden der mathematischen Physik I.
    3. Auflage. DM 16,80
31. R. Courant/D. Hilbert: Methoden der mathematischen Physik II.
    2. Auflage. DM 16,80
33. K. H. Hellwege: Einführung in die Festkörperphysik I. DM 9,80
34. K. H. Hellwege: Einführung in die Festkörperphysik II. DM 12,80
36. H. Grauert/W. Fischer: Differential- und Integralrechnung II. DM 12,80
37. V. Aschoff: Einführung in die Nachrichtenübertragungstechnik. DM 11,80
38. R. Henn/H. P. Künzi: Einführung in die Unternehmensforschung I. DM 10,80

39 R. Henn/H. P. Künzi: Einführung in die Unternehmensforschung II. DM 12,80
43 H. Grauert/I. Lieb: Differential- und Integralrechnung III. DM 12,80
44 J. H. Wilkinson: Rundungsfehler. DM 14,80
49 Selecta Mathematica I. Verf. und hrsg. von K. Jacobs. DM 10,80
50 H. Rademacher/O. Toeplitz: Von Zahlen und Figuren. DM 8,80
51 E. B. Dynkin/A. A. Juschkewitsch: Sätze und Aufgaben über Markoffsche Prozesse. DM 14,80
52 H. M. Rauen: Chemie für Mediziner — Übungsfragen. DM 7,80
53 H. M. Rauen: Biochemie — Übungsfragen. DM 9,80
55 H. N. Christensen: Elektrolytstoffwechsel. DM 12,80
56 M. J. Beckmann/H. P. Künzi: Mathematik für Ökonomen I. DM 12,80
59/60 C. Streffer: Strahlen-Biochemie. DM 14,80
63 Z. G. Szabó: Anorganische Chemie. DM 14,80
64 F. Rehbock: Darstellende Geometrie. 3. Auflage. DM 12,80
65 H. Schubert: Kategorien I. DM 12,80
66 H. Schubert: Kategorien II. DM 10,80
67 Selecta Mathematica II. Hrsg. von K. Jacobs. DM 12,80
71 O. Madelung: Grundlagen der Halbleiterphysik. DM 12,80
72 M. Becke-Goehring/H. Hoffmann: Komplexchemie. DM 18,80
73 G. Pólya/G. Szegö: Aufgaben und Lehrsätze aus der Analysis I. DM 12,80
74 G. Pólya/G. Szegö: Aufgaben und Lehrsätze aus der Analysis II. 4. Auflage. DM 14,80
75 Technologie der Zukunft. Hrsg. von R. Jungk. DM 15,80
78 A. Heertje: Grundbegriffe der Volkswirtschaftslehre. DM 10,80
79 E. A. Kabat: Einführung in die Immunchemie und Immunologie. DM 18,80
80 F. L. Bauer/G. Goos: Informatik. — Eine einführende Übersicht. Erster Teil. DM 9,80
81 K. Steinbuch: Automat und Mensch. 4. Auflage. DM 16,80
85 W. Hahn: Elektronik-Praktikum. DM 10,80
86 Selecta Mathematica III. Hrsg. von K. Jacobs. DM 12,80
87 H. Hermes: Aufzählbarkeit, Entscheidbarkeit, Berechenbarkeit. 2. Auflage. DM 14,80
91 F. L. Bauer/G. Goos: Informatik. — Eine einführende Übersicht. Zweiter Teil. DM 12,80
92 J. Schumann: Grundzüge der mikroökonomischen Theorie. DM 14,80
93 O. Komarnicki: Programmiermethodik. DM 14,80
99 P. Deussen: Halbgruppen und Automaten. DM 11,80

Aus den übrigen Fachgebieten — Eine Auswahl
32 F. W. Ahnefeld: Sekunden entscheiden — Lebensrettende Sofortmaßnahmen. DM 6,80
41 G. Martz: Die hormonale Therapie maligner Tumoren. DM 8,80
42 W. Fuhrmann/F. Vogel: Genetische Familienberatung. DM 8,80
47 C. N. Barnard/V. Schrire: Die Chirurgie der häufigen angeborenen Herzmißbildungen. DM 12,80
61 Herzinfarkt. Hrsg. von W. Hort. DM 9,80
82 R. Süss/V. Kinzel/J. D. Scribner: Krebs. DM 12,80

MIX
Papier aus verantwortungsvollen Quellen
Paper from responsible sources
FSC® C105338

If you have any concerns about our products,
you can contact us on
ProductSafety@springernature.com

In case Publisher is established outside the EU,
the EU authorized representative is:
**Springer Nature Customer Service Center GmbH
Europaplatz 3, 69115 Heidelberg, Germany**

Printed by Libri Plureos GmbH
in Hamburg, Germany